T0243156

M

DONNA DALE CARNEGIE

CÓMO GANAR AMIGOS

E INFLUIR SOBRE LAS PERSONAS

Para chicas

Montena

Papel certificado por el Forest Stewardship Council®

Título original: *How to Win Friends and Influence People for Girls*
Publicado por Simon & Schuster, NY a través de International Editors' Co., Barcelona

Primera edición: octubre de 2021

© 2005, 2020, Donna Dale Carnegie
© 2021, Penguin Random House Grupo Editorial, S. A. U.
Travessera de Gràcia, 47-49. 08021 Barcelona
© 2021, Mariona Barrera Aguilera, por la traducción
© 2020, Louisa Cannell, por las ilustraciones de interior

Penguin Random House Grupo Editorial apoya la protección del *copyright*.
El *copyright* estimula la creatividad, defiende la diversidad en el ámbito de las ideas y el conocimiento,
promueve la libre expresión y favorece una cultura viva. Gracias por comprar una edición autorizada
de este libro y por respetar las leyes del *copyright* al no reproducir, escanear ni distribuir ninguna
parte de esta obra por ningún medio sin permiso. Al hacerlo está respaldando a los autores
y permitiendo que PRHGE continúe publicando libros para todos los lectores.
Diríjase a CEDRO (Centro Español de Derechos Reprográficos, http://www.cedro.org)
si necesita fotocopiar o escanear algún fragmento de esta obra.

Printed in Spain – Impreso en España

ISBN: 978-84-17922-01-6
Depósito legal: B-12.884-2021

Compuesto en M. I. Maquetación, S. L.
Impreso en Limpergraf
Barberà del Vallès (Barcelona)

GT 2 2 0 1 6

A las maravillosas chicas que leerán estas páginas
y que influirán en el futuro

Índice

Prefacio

Cuando empezamos a hablar sobre escribir un libro solo para adolescentes, pensé «¡Genial! Ojalá hubiera podido leer uno cuando yo tenía esa edad». Evidentemente, en esa época había libros para chicas jóvenes, pero los que yo leí no me sirvieron de mucho: estaban llenos de advertencias sobre malos comportamientos, normas que no tenían ningún sentido para mí e instrucciones para ser una «buena chica» (y ser una «buena chica» no sonaba muy divertido). Pero yo quería gustar a los demás, tener más seguridad en mí misma y ser más popular. Quería que los chicos se fijaran en mí y que pensaran que era muy *cool*, y que las chicas quisieran ser amigas mías. Quería brillar dentro de un grupo y ser una líder, no una oveja más del grupo ni un alma solitaria. Pero no tenía muy claro cómo conseguirlo.

Quizá tú te sientes igual. Si es así, ¡tengo buenas noticias! Con este libro aprenderás lo que necesitas para convertirte en la persona que quieres ser. Y fíjate que digo «aprender». Buenas noticias. Eso significa que no hay que tener «suerte», «talento», «dinero» o «belleza» para gustar. La gente que tiene éxito de verdad no nació así. Han triunfado porque tenían una idea de lo que querían ser y la predisposición para luchar por ello. Y tú puedes hacer lo mismo.

Lo que podemos hacer por ti es darte más información y más herramientas para que las apliques en tu día a día y que te servirán el resto de la vida. Cuanto antes empieces (¡hoy mejor que mañana!), antes conseguirás una ventaja respecto a los demás. Los principios que encontrarás en este libro no son un secreto, pero es alucinante la poca gente que los usa, teniendo en cuenta lo bien que funcionan.

Ser adolescente puede ser duro. Te enfrentas a una serie de retos simplemente por estar en un momento en el que ya no eres una criatura, pero aún no eres una persona adulta. Puede parecer injusto y ser frustrante y complicado. Pero estos años también pueden ser una época increíble de tu vida antes de que tengas que enfrentarte a las responsabilidades de la edad adulta, así que ¡aprovéchala!

En los últimos quince años han cambiado mucho las cosas para las chicas. La primera edición de este libro salió cuando no existía el iPhone, por no hablar de las redes sociales. Ahora tienes en las manos la segunda edición porque queremos actualizarlo y renovarlo para la próxima generación de mujeres (y ahí estás tú), nuestras próximas líderes. Quiero agradecer a M. K. England su inestimable ayuda en esta nueva edición. M. K. es una autora con mucho éxito entre los jóvenes, a quien le encanta trabajar y escribir para adolescentes. También me gustaría dar las gracias a las creadoras de la primera edición, que llevaron a cabo un trabajo excelente. Son Margaret Lamb, que colaboró en la documentación y la escritura del primer borrador, y Paisley Strellis, cuya animada voz acabó convirtiéndolo en una lectura divertida. Ambas dedicaron muchas horas a coger las ideas de mi padre y adaptarlas para adolescentes. Margaret y Paisley recopilaron centenares de páginas de entrevistas tanto con chicas como con mujeres con éxito que creo que te gustarán.

¿Y yo? Yo me acuerdo de lo dura que fue mi adolescencia en algunos momentos y espero que, juntando este gran equipo con la sabiduría de mi padre, podamos ofrecerte una forma más sencilla y más entretenida de aprender unas habilidades útiles de por vida que a mi generación se le atragantaron. Escríbenos para contarnos si lo hemos conseguido. Y disfruta de la lectura.

Donna Dale Carnegie

Deshacerse de la energía negativa

Si quieres la miel, no des patadas a la colmena.

Dale Carnegie

«Este en un libro que invita a la acción».

Eso es lo que dijo Dale Carnegie del original *Cómo ganar amigos e influir sobre las personas*. Quería que los lectores obtuvieran información real, práctica, y consejos de su libro y que los pudieran usar en su día a día. Este es el objetivo de este libro, también. Al leer el título, igual te parece sospechoso: «¿Eso no es manipular a la gente?». Sin embargo, al final creo que pensarás que los consejos de Dale Carnegie van tomando la forma para «ser una buena persona y una líder a la que los demás respeten». Porque esa es la mejor manera de hacer amigos e influir en los demás, ¿no?

Amabilidad sincera.

Y la amabilidad empieza por la empatía.

Hablaremos muchísimo de empatía a lo largo del libro, porque es una parte fundamental de ver cómo se comporta la gente. Aprender a entender cómo se sienten los demás y ponerse en su lugar te resultará tremendamente útil para hacer amigos, para convertirte en una líder y para tener una buena relación con todos los que te rodean. Pero empecemos, primero, poniéndonos en una situación en la que tú eres la protagonista.

Imagínate lo siguiente: te levantas una mañana atrapada en una novela distópica en la que todo lo que haces —desde la ropa que eliges hasta las redes sociales que usas, pasando por las respuestas que das en clase— queda grabado en un marcador gigante que todo el mundo puede ver. Te das cuenta de que tu puntuación va cambiando la forma cómo te ven y cómo te tratan las demás personas (del mismo modo que la suya cambia con la opinión que tú tienes sobre ellas), pero no acabas de entender qué decisiones hacen aumentar tu puntuación y cuáles te perjudican. Parece como si tu lugar en el mundo fuera totalmente aleatorio, y tienes la sensación de que te va a explotar la cabeza intentando entenderlo. ¿En qué te estás equivocando?

Spoiler: esta novela distópica se titula *Instituto*. Pero ya lo sabías, ¿no? Añádele la presión por triunfar, por tener planificada toda tu vida cuando termines el instituto, y es fácil hundirse en el interminable agujero negro de YouTube y Netflix.

Pero créeme: controlas más la situación de lo que te imaginas. Todo empieza por cómo tratas a la gente. Va mucho más allá de si te metes con alguien o no, pero es un buen sitio por donde empezar.

Estudios recientes indican que el 20 % de los estudiantes de entre 12 y 18 años han sufrido *bullying* alguna vez, y el 15 % de estos lo sufrieron *online* o vía mensaje de texto. Otro estudio reveló que el 30 % de los jóvenes admitía haber hecho *bullying* a algún compañero, y el 70 % había presenciado algún caso de *bullying* en el instituto.* Seguro que estas cifras no te sorprenden, tampoco les sorprendieron a las chicas que entrevistamos para este libro, e incluso dijeron que creían que las cifras eran más altas. Muchas de ellas compartieron con nosotras sus propias experiencias, como Julie, de 14 años:

En mi clase había una chica de la que todo el mundo se reía. Se llamaba Marie. Era superperfeccionista: se tiraba toda la clase para acabar un examen que el resto habíamos terminado en diez minutos. Estaba obsesionada por el ballet y se pasaba el día hablando de sus clases de danza. Y, además, era bastante creída. Yo intentaba ser simpática con ella, pero también me metía con ella. Marie se reía de sí misma y no dejaba que los otros supiéramos que le había molestado lo que decíamos de ella, pero su madre le contó a la mía que cada día lloraba al volver del instituto. Cuando mi madre me preguntó al respecto, me sentí fatal. Le conté que había intentado defender a Marie, pero que no era fácil. Todos queremos gustar y yo no quería convertirme en blanco de burlas al defenderla. Sé lo horrible que es. Conmigo también se han metido alguna vez.

No pretendemos juzgar a Julie, de ningún modo; a todos nos ha pasado alguna vez que defender a alguien o algo nos ha supuesto un riesgo, y no es fácil. Pero fijémonos bien en lo que dice: no se pone en la piel de Marie, a pesar de haber pasado por la misma

* https://www.stopbullying.gov/media/facts/index.html#stats

experiencia en otro momento. Si empatizara de verdad con Marie, no podría no defenderla, ¿no? En lugar de eso, Julie responde a las críticas de su madre, que lo más seguro es que le hayan dolido y le hayan hecho sentir la necesidad de defenderse. Dale Carnegie dijo una vez: «Las críticas son inútiles. Hacen que te pongas a la defensiva y que te esfuerces por justificarte». Creía tan fervientemente en ello que siempre enseñaba la siguiente regla: *No critiques, ni condenes ni te quejes.*

¿Cómo reaccionas cuando eres tú el blanco de esas críticas, condenas y quejas? ¿Te tomas al pie de la letra las críticas y piensas «Tienes razón, gracias por decírmelo»? ¿O te preocupas, te hacen daño o te molestan? Cuando una persona te critica, te condena o se queja de ti, es como si se levantara una enorme pared de ladrillos entre tú y ella. Es difícil que algo la cruce una vez construida, porque tienes la sensación de que debes protegerte, bloquear cualquier ataque futuro.

El ejemplo de Julie es obvio. Experimentó la crítica-condena-queja en esa situación: criticó a Marie, la condenó por su aspecto y personalidad, y se quejó de que ella no podía hacer nada para ayudarla. Es fácil caer en la tentación de creerse por encima del bien y del mal y pensar «Yo nunca haría eso». Pero todos lo hacemos, en alguna ocasión, si somos sinceros. Y juzgar a Julie en esa situación es una forma de criticar y de condenar, también. Dale Carnegie afirmaba que «cualquier tonto puede criticar, condenar o quejarse; hay que tener carácter y autocontrol para ser comprensivo e indulgente». Nadie quiere verse a sí mismo como un abusón o como alguien que va, cobardemente, en contra de la multitud. No tienes que cometer el mismo error. Encontrando formas de criticar menos a los demás, todos podemos aprender a enfrentarnos a situaciones complicadas de forma que reforcemos a esas personas en lugar de destrozarlas.

DEJAR DE JUZGAR

En el instituto, cada día alguien se ríe o se mete con alguien, y seguramente no hay nadie que no sea culpable de haberlo hecho alguna vez.

Lily, Rhode Island

Una cosa es saber que deberías tener empatía con los demás y otra muy distinta es tenerla en realidad. No es nada revolucionaria esta idea: toda la vida nos han dicho «trata a los demás como te gustaría que te trataran a ti», ¿verdad? Así pues, ¿por qué es tan complicado parar un momento y hacer lo que sabemos que hay que hacer? La verdad es que el *bullying* que se ve a diario en los institutos, e incluso en el trabajo, se terminaría mañana mismo si cada uno de nosotros hiciera un esfuerzo de verdad, real, para ver las cosas desde la perspectiva de los demás.

Eso no quiere decir que tengas que renunciar a tus opiniones, ideas y puntos de vista, que son los que te convierten en la persona que eres, ni que no puedas criticar jamás a la gente y los sistemas que perpetúan las injusticias. Existe una diferencia enorme entre los juicios de valor o los estereotipos y la crítica constructiva que proviene de una buena voluntad sincera. ¿Estás un poco perdida? Plantéatelo así: aunque tengas parte de razón al quejarte de otras personas, criticándolas por lo que hacen mal —o peor aún, humillándolas— no llegarás muy lejos, si lo que quieres es que cambien. Dale Carnegie ponía el ejemplo del famoso psicólogo B. F. Skinner: «A través de sus experimentos demostró que un animal al que se le recompensaba por tener una buena conducta aprende mucho más rápido y retiene lo que aprende durante mucho más tiempo que un animal al que castigan por su mala conducta. [...] Estudios recientes indican que lo mismo es aplicable a los seres humanos. Criticando no provocamos cambios duraderos y solemos generar resentimiento». ¿Qué te parece? ¿Tiene sentido? Antes de contestar, responde a este rápido test para ver si sabes cuál es la diferencia entre las críticas constructivas y las críticas destructivas.

Tu mejor amiga suspende un examen y tú sabes que no había estudiado casi nada. ¿Qué haces?

a) Te aseguras de que la próxima vez lo haga mejor y te ofreces a estudiar juntas.

b) Le comentas que no había estudiado, para que al menos sea consciente de que podría haberse esforzado más.

c) Le sueltas que te ha sorprendido que quedarse despierta hasta las tres de la mañana mirando vídeos en el móvil no le haya servido para aprender álgebra por arte de magia.

Una amiga tuya decide empezar a colgar sus obras de arte en las redes y son... horribles. ¿Qué haces?

a) Das *like* en la publicación y la animas en su nuevo *hobby*.

b) Le dices que esperas ver cómo va mejorando.

c) Le comentas que su dibujo de los Vengadores parece el dibujo de un crío pequeño.

Tu hermana, que es una negada para la música, planea presentarse a una prueba para salir en la obra de teatro musical del instituto. ¿Qué haces?

a) Le pides a una amiga tuya, muy buena cantante, que le dé algunos consejos rápidos.

b) Le sugieres que espere a las pruebas para la obra de teatro (no musical) del trimestre que viene.

c) Le sueltas que no sabías que *Los miserables* ahora fuera una comedia.

Tus padres quieren ver de un tirón todos los episodios de una serie que tú no soportas. ¿Qué haces?

a) Los dejas disfrutarla y te buscas otra cosa que hacer.

b) Les sugieres que miren otra serie que a ti te guste más.

c) Destacas lo mal que actúan los protagonistas y lo cutres que son los efectos especiales. Están monopolizando la tele con una basura.

Hay dos hechos innegables sobre las críticas: a todo el mundo le gusta criticar (al menos de vez en cuando) y a nadie le gusta que le critiquen (ni de vez en cuando). A veces los comentarios que tú haces pensando que son observaciones útiles se reciben como un juicio de valor. Si no eliges bien tus palabras, la menor crítica constructiva puede caer como una bomba en una relación de amistad. Así pues, si la gente que te rodea suele encogerse cuando tú abres la boca —y has contestado *b* o *c* a alguna de las situaciones anteriores—, ha llegado el momento de reflexionar sobre tu conducta. Es cierto, algunas de las respuestas *b* no parecen tan malas, pero hasta la crítica más sutil sigue siendo una crítica, y debilita tu relación con otra persona.

Una regla infalible que puedes seguir antes de soltarle un moco a alguien: plantéate cómo te sentaría a ti que te dijeran lo mismo. Y no hagas trampas, diciendo que agradecerías las opiniones, por duras que fueran; intenta ponerte en la piel de la otra persona en ese mismo momento, de verdad. Eso no quiere decir que no puedas sugerirle nunca a alguien cómo podría hacer algo mejor. Simplemente, cuando lo hagas, deberías estar seguro de que tus palabras se reciben con la generosidad que tú pretendías. De todos modos, antes de abrir la boca, asegúrate de que tus intenciones sean de verdad generosas. Plantéate:

■ ¿Lo que voy a criticar es algo que la otra persona puede o quiere cambiar? Pista: ya puedes ir descartando comentarios sobre cómo es, habla, camina, ríe o viste la otra persona, cualquier cosa relacionada con su identidad básica. Antes de meterte en ese berenjenal, comprueba cuál es tu motivo para hacerlo. ¿Por qué vas a decirle eso? Tus palabras no te servirán de nada ni a ti ni a nadie, le harán daño innecesariamente y pueden costarte una amiga o ganarte una enemiga de por vida.

- ◼ ¿Alguna vez me he planteado esta cuestión desde el punto de vista de la otra persona (condicionada por su raza, sexo, estatus socioeconómico, etcétera) y he comprobado lo privilegiada que soy yo?

- ◼ ¿Mis palabras conseguirán que la otra persona evite hacer algo peligroso o negativo?

- ◼ ¿Estoy pensando, ante todo, en lo que es mejor para la otra persona?

Si la respuesta a alguna de estas preguntas es que no, entonces deberías guardarte para ti tus comentarios, al menos hasta que puedas decírselos de un modo más productivo.

Y recuerda: todo esto es aplicable a SMS, mensajes directos (DM) y a cualquier red social. En cierto modo, utilizar las redes para hacer esos comentarios puede ser aún peor, porque estarán siempre ahí, cada vez que se abra el hilo del texto. O todavía peor: en las redes sociales, otras personas los verán, lo que añade al daño original un sentimiento terrible. Tienes que tener una precaución extra en la comunicación vía mensajes de texto o redes sociales, donde el tono y el humor pueden ser difíciles de leer y donde nuestro cerebro suele lanzarse a malinterpretar el significado. Intenta ser lo más clara que puedas para ahorrarles a los demás ese momento de duda.

Pero ¿qué ocurre si eres tú quien recibe las críticas, a quien condenan o de quien se quejan? No te preocupes, no me he olvidado de ti.

USA LA ENERGÍA NEGATIVA COMO REVULSIVO

Es muy complicado resistirse a la crítica-condena-queja cuando te encuentras enfrente de la negatividad de otras personas. Ya lo sabes, por supuesto, porque lo has vivido alguna vez. La gente te critica. Te condenan injustamente por cosas que puede que pienses o puede que no, que digas o que hagas. Se quejan de ti, y delante de ti, por un montón de chorradas. A medida que vayas creciendo, te aseguro que te cruzarás con personas que parecen nacidas para desanimarte. No puedes controlar lo que los demás dicen o hacen, pero sí que puedes decidir cómo responderás a ello. Sin duda, todo el mundo se enfada. La gente no para de hacer comentarios insensibles. Pero la negatividad no solo hace daño a la persona que la recibe.

Una vez, una chica del instituto me criticó por la ropa que llevaba. Dijo que me quedaba fatal. Y reaccioné diciéndole que cerrara la boca y me marché. Me sentía fatal, fea y herida, y estaba enfadada, todo a la vez. Intenté contener todas mis emociones, y todo ese daño se convirtió en odio. La odiaba.

Beth, 17 años, Pensilvania

Es terrible, ¿verdad? La persona que le dijo eso a Beth fue cruel, pero Beth acabó sintiéndose el doble de mal por la reacción que tuvo. No pretendemos acusar a esa chica ni nada por el estilo; simplemente, estaba del todo equivocada. Uno puede decidir si permite que las palabras desagradables de los demás lo hundan, aunque eso implique descargar el dolor y la rabia contra todos los que le rodean. O puede intentar olvidarlo, cambiar la impresión que causa en la otra gente y demostrar que las críticas no eran ciertas.

Atoosa Rubenstein, exredactora jefe de la revista norteamericana *Seventeen*, tenía solo 26 años cuando la nombraron por primera vez redactora jefe de una revista: *CosmoGirl*. Algunos compañeros, sobre todo personas que llevaban más tiempo en la revista, estaban celosos de su éxito. Para ayudar a Atoosa a sobrellevar esa situación, la directora de *Cosmpolitan* le sugirió que les hiciera cambiar de opinión acercándose a esos trabajadores. Rubenstein dijo: «Mandé un correo electrónico a dos personas (una de ellas es hoy en día la redactora jefe de otra revista) diciéndoles: "Eres una persona con mucha experiencia y te respeto muchísimo por ello. Me gustaría saber si tienes alguna recomendación para elegir a los miembros de mi equipo". Pues bien, una de las dos mujeres quiso comentar con la otra mi petición, pero por error acabó enviándome su correo a mí y escribió algo como: "Vaya, ahora resulta que la chica de moda esta necesita consejos de veteranas".

»Yo suelo ver el lado bueno de las personas, pero al leerlo tardé solo un minuto en entender el tono sarcástico. Y al darme cuenta, me sentó mal, la verdad. Un minuto después, apareció corriendo por el pasillo y me dijo: "Te he mandado un correo por equivocación. No era para ti. Bórralo". Demasiado tarde, pero no le dije nada en ese momento y no he dicho nada hasta ahora, no por miedo, sino porque realmente creo que hay que centrarse en lo bueno. Cogí la negatividad que me había lanzado como un dardo y la usé como revulsivo».

Ese revulsivo, comenta Rubenstein, la ayudó a convertir *Cosmo-Girl* en la revista para adolescentes más popular de Estados Unidos. Cuanto más la criticaban o más cuestionaban sus habilidades, nos comenta, más decidida estaba a demostrar que las críticas no eran ciertas proponiéndose que la revista fuera cada vez mejor.

Tú puedes hacer lo mismo cuando recibas críticas, condenas o quejas, sean justificadas o no. Puedes enfrentarte a ellas respondiendo con más negatividad, lo que seguramente no mejorará ni tu relación con esa persona ni el problema que tienes entre manos, o bien puedes parar un momento antes de responder y plantearte cómo puedes demostrar que esa persona está equivocada cumpliendo con todos tus objetivos.

Sin embargo, hay veces en que lo más sano sería cortar cualquier tipo de relación con una persona tóxica. ¿Tienes la sensación de que hay alguien a tu alrededor que te está soltando comentarios negativos continuamente? Quizá tienes un amigo o amiga que siempre te está criticando, o sales con alguien que quiere demostrar en todo momento que está por encima de ti, para sentirse superior. Esas conductas no tienes por qué aguantarlas. Es normal querer acabar con ese tipo de actitudes; y no es criticar el hacer ver al otro que está haciendo algo que te duele de verdad. Si te sientes más segura, mantén una conversación real, sincera, en la que puedas decirle a la otra persona qué te ha molestado y en la que le pidas que deje de hacerlo.

Uno de cada tres adolescentes tiene una relación poco sana o abusiva, y eso incluye conductas como estas. Tienes que tener mucho cuidado si la persona con la que sales critica a tus amigos para separarte de ellos, si disminuye tu autoestima con palabras que te hacen daño, si te deja en ridículo delante de los demás o por internet o si intenta controlarte. Estos tipos de conducta también pueden aparecer en una relación de amistad íntima. Lo que debes tener claro es que no debes tolerarlas nunca, tú no haces nada mal y hay gente que puede ayudarte. Busca a una amiga, a un adulto en quien confíes o un teléfono de ayuda, para conseguir el respeto que te mereces. En una relación sana ambas personas se ayudan, se respetan mutuamente y pueden hablar abiertamente y con sinceridad, sin miedo. Eso no significa que todo sea un camino de rosas, pero tienes que poder mostrarte tal y como eres y gustar a los demás por ser quien eres.

AUTOEVALUACIÓN

- En los últimos seis meses, ¿algún amigo o amiga ha dejado de hablarte, aunque sea momentáneamente, por algo que hayas dicho?

- ¿Has dejado en ridículo a alguien en clase o en algún otro sitio?

- ¿Describirías a la persona con la que sales, a tus amigos, a las personas de tu familia o colegas como gente muy sensible?

Si has respondido que sí a alguna o a todas estas preguntas, lo más probable es que estés practicando la crítica-condena-queja con los demás. Coge un papel y escribe un par de comentarios que le hayas hecho a alguien recientemente que le hayan molestado, hecho daño u ofendido. ¿Por qué se los has hecho? ¿Cómo te ha hecho sentir esa situación? ¿Cómo habría cambiado la situación si te hubieras puesto en la piel de la otra persona?

A continuación, piensa en algún momento a lo largo de los últimos seis meses en el que alguien de tu alrededor te haya criticado, condenado o se haya quejado de ti injustamente. ¿Qué dijeron? ¿Cómo reaccionaste tú? ¿Te rebotaste y les hiciste daño tú también? ¿O usaste esa negatividad como revulsivo? Escribe las respuestas, y piensa de qué otra manera podrías haber abordado la situación. ¿Hay alguien en tu vida que sea tan tóxico que estarías mejor sin él o ella? Piénsalo con calma; no te olvides de que tienes opciones.

RESUMEN

No critiques ni condenes ni te quejes de la gente. Dale Carnegie defendía apasionadamente que había que enseñar esta regla a todo el mundo, y aseguraba que lo más importante que uno puede sacar de un libro como este es «pensar siempre desde el punto de vista de los demás y ponerse en su lugar». Si tienes empatía con las otras personas, no sentirás la necesidad de juzgarlas ni soltarles críticas vacías, y así no te alejarás de gente de quien podrías aprender, con la que podrías formar un gran equipo o mantener una gran amistad. Si tienes presente la tríada crítica-condena-queja en tu día a día, te convertirás en el tipo de persona que todo el mundo quiere tener cerca: una amiga, hija o hermana, compañera o colega simpática y comprensiva, y una líder que puede conseguir grandes cosas en este mundo.

CAPÍTULO 2

Decirle a la gente lo maravillosa que es

Los pocos individuos que satisfacen honestamente
su sed del corazón podrán tener a los demás
en la palma de la mano.

Dale Carnegie

Si pudieras tener lo que quisieras —lo que fuera—, ¿qué elegirías? La mayoría de las chicas con las que he hablado no tardaron nada en responderme. Acabar el instituto, un coche, una solución para el cambio climático y —puestos a pedir— ganar la lotería estaban en la lista. Pero cuando nos pusimos a hablar de sus vidas, de las cosas que más las estresaban y que más presión les suponían, los temas de dinero quedaron en un segundo plano e inevitablemente surgió otra preocupación: querían sentirse respetadas y aceptadas, punto final. Querían sentir que le importaban a alguien más. Querían sentirse importantes, como si pudieran cambiar el mundo.

A todos nos gusta que nos valoren. La gimnasta Simone Biles es conocida en todo el mundo como la mejor gimnasta norteamericana de todos los tiempos, pero su increíble talento podría no haber florecido nunca si sus abuelos no la hubieran adoptado y no la hubieran animado a practicar ese deporte que tanto le gustaba. Se aseguraron de que pudiera entrenar todo lo que fuera necesario y, cuando llegó el momento de elegir entre ir al instituto o estudiar desde casa para poder seguir dedicándose a la gimnasia a nivel profesional y hacer competiciones mundiales, apoyaron su decisión de competir. Biles ha contado muchísimas veces que encontrar una familia y ver cómo la apoyaban en su pasión la hizo sentirse importante. Si no se hubiera sentido así de valorada, es posible que no hubiéramos visto jamás la brillante actuación de Biles en los Juegos Olímpicos de 2016, o en todos los campeonatos mundiales en los que ha participado desde entonces.

La mayoría de los mortales nunca estaremos en lo alto de un podio con una medalla de oro olímpica colgada del cuello, pero a todos nos gusta el reconocimiento y la aceptación, y cuando eres una adolescente a veces cuesta conseguirlo. La voz de los adolescentes no siempre se tiene en cuenta ni está muy valorada en este mundo, y es difícil no desanimarse si ya, de partida, todo te da vergüenza, te sientes inseguro y estás en pleno descubrimiento de cómo funciona la vida. Si los adultos, y especialmente los hombres adultos, retienen todo el poder, es natural sentir la necesidad de explotar y sentirse reconocido. Es parte de nuestro ADN como seres humanos y es lo que nos anima a hacer todo tipo de cosas, buenas y malas. Recuerda los casos de *bullying* del capítulo anterior; sin duda, su crueldad surgía de la necesidad de sentirse importantes, por muy equivocadas que estuvieran esas personas. Y es lo mismo que ocurre en las redes sociales. Queremos *likes*, comentarios, DM, pensando que con todo eso se mide lo importantes que somos y el reconocimiento que nos dan.

Dale Carnegie sabía que la gente necesita sentirse importante casi tanto como comer o dormir. Y si eres capaz de descubrir cómo hacer que los demás se sientan importantes, tendrás la llave para construir una relación, un equipo y una familia más fuerte. Al fin y al cabo, si la gente está tan sedienta de ser importante que va por el mundo manipulando a los demás para lograrlo (hablaremos de ello más adelante), imagínate lo agradecida que estaría si la haces sentirse valiosa por ser quien es. Imagínate la conexión, la confianza y la relación que podrían surgir si reconoces con sinceridad el talento de los demás. ¿Verdad que suena bien? Por suerte para ti, te vamos a dar las herramientas para conseguirlo en este capítulo.

EL PODER DE UN ELOGIO

Entonces, ¿cómo puedes conseguir que otra persona se sienta importante? Fácil. Hazle saber que la valoras de verdad elogiándola de forma sincera. Así, conseguirás que le suba la autoestima y mejorará la opinión que tiene de ti:

Siempre he admirado a esta chica del instituto por la seguridad que tiene en sí misma. Hace poco estábamos haciendo un trabajo en clase de arte con ella y otra amiga y dijo, refiriéndose a mí: «Esta chica me gusta porque es muy auténtica. Y no hace dramas por nada». Que alguien viera eso, sobre todo alguien a quien respeto tanto, me gustó. Es la persona más simpática y más dulce que conozco.

Stephanie, 16 años, Pensilvania

Estaba pasando una semana muy mala: no me habían cogido en las pruebas para hacer de animadora, había tenido una discusión terrible con mis padres y estaba hecha polvo. Quiero mucho a mi novio, pero a él no siempre le apetece hablar de sentimientos y de todas esas cosas. Así que me sorprendió cuando se presentó en mi casa con una tarjeta hecha por él mismo. Decía: «Solo quería que supieras que eres la chica más guapa, lista y divertida que conozco. No dejes que todas estas cosas te hundan». Pensaba que él no se había dado cuenta de que lo estaba pasando tan mal, me hizo sentir especial. Todavía guardo la tarjeta y, cuando estoy desanimada, la saco y pienso en él.

Tamara, 17 años, Washington

Una chica del insti a la que no conocía mucho se me acercó un día y me dijo «Me encanta tu pelo». Mucha gente me había dicho que era una chica muy maja y me quedé pensando: «Guau, sí es que maja, sí». Mi opinión sobre ella fue mejorando y ahora, siempre que la veo por el pasillo, la saludo. Y, además, me siento más segura de mí misma.

Kate, 15 años, Pensilvania

Todas y cada una de las personas que conocerás a lo largo de tu vida tienen algo que ofrecer. Igual no te lo parece a simple vista, pero vuélvete a fijar. Quizá nunca has hablado con la chica tímida que se sienta a tu lado en clase de inglés, pero crees que lo ha petado con su presentación. Pues ¡habla con ella! ¿Te ha gustado lo que ha publicado en las redes una amiga tuya? ¡Díselo! No hay forma más rápida de mostrarle a la gente que eres una persona lista, sensible e intuitiva que haciéndoles saber que eres consciente de lo que las hace especiales. Así, no solo les alegrarás el día, sino que saldrás ganando tú: es una realidad que a la gente le gusta la gente a la que gusta, y está más dispuesta a aceptarla. Si haces ver a los demás los tesoros que esconden en su interior —que puede que nadie haya descubierto aún, ni siquiera ellos mismos—, verás cómo esas personas se transforman en tu cara. Y el mundo también saldrá ganando: imagínate lo que podríamos llegar a conseguir si todas las personas se sintieran empoderadas por sus propias virtudes.

Una amiga mía usó el poder del elogio para transformar la revista literaria del instituto: de ser un proyecto medio muerto al que nadie hacía caso pasó a ser un producto que todo el mundo esperaba al final del curso. Empezó con uno de sus amigos, a quien se le daba muy bien escribir, pero que no tenía suficiente confianza en sí mismo como para presentar sus textos. Elogió un relato breve que había escrito y lo animó a mandarlo a la revista. Le hizo caso, su texto fue aceptado y el chico ya no se movió de la revista literaria, y hasta se convirtió en codirector con ella. Juntos lideraron el proyecto de la revista durante tres años.

Una chica del equipo colgaba unas fotos espectaculares en Instagram. Después de que mi amiga le hiciera varios cumplidos sobre sus fotos y sobre lo bien que conseguía captar la atención de sus seguidores, la chica terminó haciendo varias fotos para la revista literaria y ayudó a promocionarla en las redes sociales. En sus publicaciones, destacaba fragmentos concretos de textos y señalaba el talento de los artistas que participaban en la revista. Representó un cambio significativo..., y todo gracias a mi amiga, que se dio cuenta del talento de esa chica y lo reforzó. Fue una reacción en cadena: una persona empodera a otras, quienes, a su vez, animan a otras, y todo el grupo se hace más fuerte. Juntos construyeron algo de lo que se sentirían muy orgullosos, y aunque mi amiga no se cansaba de compartir los éxitos con todo el equipo, obtuvo un gran reconocimiento por su liderazgo.

Otro amigo mío lo pasaba realmente mal en el instituto por culpa de una dislexia no diagnosticada, y estaba convencido de que era tonto y de que no tenía ningún futuro. Sin embargo, mis amigos y yo sabíamos lo bueno que era en otros ámbitos, y se lo recordábamos siempre elogiando todas sus virtudes. Nos ayudaba a arreglar las bicis y los coches, ayudaba a montar los escenarios de las obras de teatro y se le daban bien los trabajos manuales. Se merecía mucho más reconocimiento del que tenía en el instituto. Le costó varios años, pero al final empezó a tener más confianza en sí mismo y se dio cuenta de que sacar buenas notas e ir a la universidad no era el único camino válido en la vida. Hoy en día, es el dueño de una constructora y un empresario reconocido. Consiguió el éxito él solo, pero estoy segura de que aquellos primeros elogios le ayudaron. Nuestra sociedad no es muy hábil reconociendo la variedad de talento que la gente puede aportar. Tú puedes ser la persona que cambie esa dinámica, y ayudar a alguien que no es consciente del valor que tiene.

EL QUID DE LA GRATITUD

No hace falta que esperes a que tus amigos, compañeros de clase o hermanos hagan algo espectacular para darles una palmadita en la espalda. De hecho, la forma más sencilla de conseguir que una persona se sienta importante es haciéndole saber que valoras mucho lo que hace.

Por desgracia, es algo muy fácil de olvidar, sobre todo para la gente que nos rodea. Esperamos que nuestros padres nos críen: paguen el alquiler para que tengamos un sitio donde vivir, que nos compren ropa y que nos lleven a los entrenos o a clase de música. E igual con nuestros hermanos, amigos, etcétera: simplemente esperamos que estén cuando los necesitemos. Esa es su función, ¿no? Quizá sí, pero ¿deberíamos esperar que alguien haga su trabajo cada día sin recibir ni una palabra de gratitud? Plantéatelo así: cuando terminas tus tareas en casa, o alguna tarea secundaria en ese trabajo a tiempo parcial que tienes, ¿no te hace sentir mejor si te dan las gracias de forma sincera y recibes un cumplido por lo bien que lo has hecho? Y cuando te tiras una hora entera consolando a tu mejor amiga después de que haya roto con alguien, ¿no te gusta que te diga «Gracias, necesitaba una amiga. Gracias por estar a mi lado»? Pues eso sirve para todo el mundo. Mira cómo le sorprendió a esta madre un pequeño agradecimiento:

Mi hija de 16 años, Melissa, me preguntó un día que yo no me encontraba muy bien (me sentía mal desde que me había levantado) si podía invitar a varias amigas a casa a mirar una peli. Le dije que sí, de mala gana, pero con condiciones: deberían marcharse a las once, nada de dramas y ella tendría que recogerlo todo cuando se fueran... ¿Entendido? Pues bien, sus amigas necesitaron un millón de cosas: respuestas a preguntas, aspirinas, tampones, favores, tiritas, consejos, que las acompañáramos, algo para picar... Accedí a todo y a las 23.15, cuando la última invitada cerró la puerta, yo estaba muerta. Al momento, mi hija me dio un abrazo enorme y me agradeció mucho que hubiera cumplido, de largo, mi parte del pacto. Y me dijo que, a cambio, haría alguna de mis tareas de casa al día siguiente. Fue una grata sorpresa, y me alegré tanto de que me lo agradeciera de aquella forma que le planteé repetir aquella velada interminable otro día. Mi respuesta me sorprendió a mí misma. Un simple gracias puede provocar un cambio de conducta.

Gayle C., Pensilvania

Leer esta historia me hace pensar en la cantidad de veces que yo di por sentado que mis padres hacían lo que hacían porque era su deber. Cada familia es distinta, pero seguro que tienes a alguien en tu vida que te ayuda con las pequeñas cosas del día a día, como prepararte la comida, acompañarte a los sitios o ayudarte con los deberes. Es muy fácil olvidarse de dar las gracias por las cosas más rutinarias de la vida, pero fíjate en los cambios que puede comportar.

Melissa consiguió poder invitar otra noche a sus amigas, y su madre se sintió halagada al ver que su hija reconocía todo lo que había hecho por ellas aquella noche y que le daba las gracias. Su relación se afianzará aún más en el futuro si Melissa actúa siempre así. La gratitud no hace que los adultos de tu vida digan automáticamente que sí a todo —es parte de su trabajo marcar límites y evitar que nos demos un morrazo cada dos por tres—, pero incluso por eso tenemos que dar las gracias.

Nuestros padres, hermanos, mejores amigos y pareja son las personas a quienes más hemos de dar las gracias. A veces actuamos como si fuera cosa del destino que estén a nuestro lado y no como algo que ellas y ellos han elegido. Pero lo cierto es que sí que pueden elegir ser fieles o no, preocuparse por nosotros o no, querernos o no. Y nosotros podemos elegir darles las gracias por sus esfuerzos y ofrecerles un agradecimiento sincero cuando se dejan la piel por nosotros. Pero, entonces, ¿por qué somos tan rácanos con los agradecimientos? Dar las gracias no cuesta nada y hace que los demás se sientan valorados. Con un «gracias» sincero, alimentarás esa «sed insaciable que tiene el ser humano», ese deseo universal que tiene cualquier persona de sentirse importante.

Y no te olvides de elogiar y dar las gracias también a las personas con las que te relacionas en las redes sociales. Internet puede ser un pozo negro de negatividad y de cosas horribles, así que imagínate lo que podrías llegar a motivar a tus amigos si usaras la red para divulgar cosas más positivas. No te limites a dar un *like* a una foto, ¡hazle un cumplido! Responde a la publicación de alguien que explica lo mal que le va la clase de inglés con apoyo y amor. Mira el vídeo que te ha mandado tu amiga y dile lo mucho que te has reído. Conviértete en alguien a quien la gente realmente quiera seguir y con quien quiera interactuar porque aportas cosas buenas a su vida.

CUIDADO CON ADULAR

¡Ahora ya sabes el secreto! Se trata de decir cosas buenas a los demás y conseguir todos los favores del mundo, ¿no? Bueno..., más o menos. «A todos nos gustan los cumplidos y el reconocimiento y haremos lo que sea para conseguirlos», advertía Dale Carnegie. «Pero a nadie le gusta la no sinceridad, nadie quiere que lo adulen». La gente es lo bastante perspicaz como para darse cuenta de cuándo les están haciendo la rosca. Si tus cumplidos carecen de sentido, será dolorosamente evidente que lo que quieres conseguir es un beneficio personal, y no lograrás lo que tanto deseas. En vez de eso, tienes que ser sincera y concreta. No hagas cumplidos generales que podrías estar diciendo a cualquier persona —«estás muy guapa»—, sino céntrate en algo que sea importante para ti o para la otra persona. Fíjate en el ejemplo siguiente: estás trabajando en un súper del barrio y se te acerca tu jefe. ¿Qué cumplido te gustaría recibir?

1. Gran trabajo hoy. Sigue así.

2. He oído que has ayudado a una mujer a pensar qué podía prepararle para comer a su nieta vegetariana. Un detallazo. ¡Sigue así!

El segundo cumplido revela que el jefe está atento a lo que pasa e incluye un comentario sobre un aspecto concreto —la amabilidad— que quiere realzar. ¿Cuál crees que tendría un efecto real en tu trabajo como empleada del súper? Y ¿qué pasa cuando cuelgas fotos de tus trabajos de clase en Instagram? ¿Qué tipo de reacciones estás buscando? Un comentario en forma de emoticono le gusta a cualquiera, por supuesto, pero ¿y si un amigo tuyo comenta algo parecido a «¡Uau! Me encanta la luz de esta foto. Tienes mucho talento ❤»? Un comentario concreto, sincero y mucho más significativo, ¿verdad?

Sin embargo, hay un montón de gente que usa los cumplidos para manipular o como una tirita después de soltar un comentario cruel. ¿Cómo te sentaría que tu hermana elogiara lo bien que pasas el aspirador y luego probara a endosarte las tareas que le tocan a ella? De verdad, ¿crees que eso funciona con alguien? ¿Quién se dedica a elogiar lo bien que los demás pasan el aspirador? ¿Qué te parecería si alguien se metiera contigo en clase de mates, y luego, cuando el profe se diera cuenta de ello, intentara despistar y decir algo como «Oh, me encantan tus zapatos»? Supersincero. Muy creíble. Pero no todo el mundo lo ve tan obvio. A la gente a la que solo le interesa obtener un

beneficio se le suele dar bien hacer cumplidos para conseguir lo que quieren. Podría no resultar tan obvio al principio, pero, al final, la gente siempre revela su verdadera naturaleza.

La diferencia entre hacer un cumplido sincero y hacerlo porque quieres conseguir algo es la diferencia entre elogiar y adular. Como dijo Dale Carnegie: «El primero es sincero y el segundo no. El primero sale del corazón; el otro, de la cabeza. El primero es desinteresado; el segundo, egoísta. El primero está universalmente bien visto; el segundo, universalmente condenado».

La gente suele distinguir a la legua los comentarios falsos, y las adulaciones despiertan todas las alarmas. ¿Por qué no jugamos a descubrir al *faker*?

Acabas de hacer una prueba para la obra de teatro del instituto y...

Amiga 1: «Lo has petado en la prueba. Espero que te den el papel».

Amiga 2: «¡Has hecho muy bien la prueba! Cuando consigas el papel, ¿crees que podrás pasarme entradas gratis?».

Tu profe de biología os pone uno de sus famosísimos exámenes sorpresa y...

Amiga 1: «A ti siempre te van bien estos exámenes. ¡Seguro que apruebas!».

Amiga 2: «Tú eres muy lista, así que no tienes por qué preocuparte. ¿Podrás inclinar un poco la hoja hacia mí durante el examen?».

Sales con alguien por primera vez y lo primero que te dice es...

Amigo 1: «¡Estás muy guapa! Tenía muchas ganas de quedar contigo. ¿Has visto ya el tráiler de esta peli?».

Amigo 2: «¡Guau, estás espectacular! Me encanta esta camiseta. Por cierto, ¿crees que podríamos ver otra peli en vez de esta?».

Una amiga tuya celebra una fiesta de Halloween y...

Amiga 1: «Tu idea de disfraz está superbién. ¿Me mandarás una foto cuando lo tengas acabado?».

Amiga 2: «Me encanta tu disfraz. ¿Me lo dejarás para participar en el concurso de disfraces al que me he apuntado?».

Es bastante obvio, ¿no? La persona 1 siempre hace un cumplido sincero. La persona 2 es una trepa. Cuando un cumplido se usa como previa a pedir algo, acaba siendo fácil y repugnante, y deteriora la confianza. Pero en algún momento todos hemos sentido la tentación de recurrir a esta forma de adular para sentirnos mejor. Si en tu vida tienes a alguien como las personas 2, no te fíes ni un pelo. ¿Están usando esos elogios falsos para manipularte? (La respuesta es que sí).

¿QUÉ TE HACE SENTIR IMPORTANTE?

Antes de que puedas conocer de verdad a otras personas y trabajar con ellas, tienes que conocerte a ti misma. Suena un poco cursi, pero es cierto. ¿Qué te hace sentir importante? ¿Qué esperas que la gente reconozca, aprecie o valore de ti? A todo el mundo le gusta ser reconocido por algo: por sus dotes artísticas, por sus notas en la selectividad o por su talento jugando a videojuegos. Ser consciente de ello e identificar tus puntos fuertes te protegerá frente a los intentos de otras personas de adularte o manipularte. Quizá hay líneas que no quieres cruzar cuando se trata de tu salud física y mental, barreras que levantas con ciertas personas de tu alrededor o algunos mínimos que pones para mantener relaciones sexuales con la persona con quien sales. Conocer y sentirte segura con tus valores te protege contra todas esas personas que usarán tus necesidades para hacerse ver y hacerse querer.

Por otro lado, ser consciente de todo eso significa colarte un poco en la mente de los demás. Mira a la gente que tienes a tu alrededor e intenta identificar qué hace que destaquen. ¿Cómo puedes usar esa información para animarlos, para apoyarlos en sus sueños y para ayudarlos a triunfar?

Súmalo a lo que has aprendido en el capítulo 1: cuando estés a punto de criticar, condenar o quejarte de alguien, usa las herramientas de ese capítulo. Elogia a esa persona, dale las gracias, hazle sentir importante y respeta sus valores. Te sorprenderá la diferencia que representará para vuestra relación. Puedes empoderar a los demás para que den lo mejor de sí mismos y, cuando lo consigan, ambos saldréis ganando.

Igual que en el caso de las adulaciones, las personas pueden usar esa necesidad que todos tenemos de sentirnos importantes en contra de ti. Sin embargo, lo mejor de estar en la adolescencia es que tienes que definir cómo eres. Es la época en la que tienes que elegir qué tipo de persona quieres ser, cómo quieres conseguirlo, cuáles serán tus líneas rojas y tomar tus propias decisiones. No es sencillo, y no pasa nada si cambias de opinión a medio camino o si de vez en cuando te equivocas y cometes errores. Pero vale la pena pensar de verdad quién quieres llegar a ser, porque te servirá como escudo protector contra quienes quieran manipularte.

Pruébalo ahora mismo: coge papel y piensa cuáles son tus valores esenciales, tus objetivos y tus creencias. ¿Qué refuerza tu autoestima? ¿Qué te hace sentir importante? En esos puntos es donde podrías ser vulnerable frente a adulaciones o manipulaciones. A continuación, haz una lista de tus cualidades: palabras con las que te identifiques, en las que creas, cosas que definan quién eres. ¿Qué es innegociable para ti, las líneas que nunca cruzarías? ¿Cómo te gustaría que te conocieran? ¿Como una chica simpática, lista, divertida, ambiciosa, aventurera, graciosa, atrevida, solidaria, con gran talento... o qué?

No te escaquees. Date permiso para adentrarte en todas las cuestiones puntiagudas que puedan surgir, por improbable que creas que sea. Me refiero a sexo, salud mental, alcohol, redes sociales, imagen corporal, planes de futuro, dro-

gas, trabajos soñados, universidad sí o no, o cualquier otra cosa que se te ocurra. Cuanto más quieras evitar un tema, más deberías reflexionar sobre él. No hay respuestas correctas o incorrectas o una única forma de planteárselo; simplemente, las respuestas que te vayan bien a ti. Tómate tu tiempo. No te precipites.

Cuando tengas la lista terminada, vuelve a leerla. ¿Crees que refleja bien el tipo de persona que quieres ser? Entonces, analiza tu vida en el momento actual. Si otra persona leyera lo que has escrito, ¿pensaría que se ajusta a la realidad? ¿O la forma como vives actualmente no se parece en nada a cómo te gustaría verte a ti misma?

Cuando acabes, dobla el papel y guárdalo en algún lugar seguro. Consulta esta lista de vez en cuando para ver si vas por buen camino, o si tu idea de quién quieres ser ha cambiado. Y recuerda dónde la tienes guardada si algún día te enfrentas a una decisión difícil.

Yo no puedo decirte cuáles deberían ser tus valores ni qué tipo de persona eres. Solo tú puedes decidirlo, y no hace falta que lo hagas todo de golpe. Todos estamos en construcción, incluso los adultos. Recuerda, simplemente, que tener una idea clara de quién quieres ser puede ayudarte a protegerte de aduladores y manipuladores. Sé tú misma; ¡no dejes que los demás decidan por ti!

AUTOEVALUACIÓN

- ¿Cuál es el mejor cumplido que has recibido nunca? ¿Quién te lo hizo? ¿Era creíble? ¿Por qué crees que fue sincero? ¿Cómo te hizo sentir? ¿Qué pensaste de la persona que te lo hizo? Dedica un minuto a anotar las respuestas a estas preguntas en una hoja.

- Ahora intenta pensar en un cumplido reciente que le hayas dicho a otra persona que la haya tocado en lo más hondo. ¿Esa persona parecía emocionada de verdad? ¿Provocó que se sintiera orgullosa de sí misma, que se arriesgara a hacer algo o simplemente que sonriera? ¿Cómo te sentiste tras hacerle el cumplido? Si no recuerdas haberle hecho un cumplido a alguien recientemente, busca oportunidades para hacerlo en las próximas semanas. (Recuerda: todas las personas que conoces tienen alguna virtud que merece la pena resaltar).

- Haz una lista de las personas con las que pasas más tiempo: tus padres o el resto de la familia, la persona con la que sales, amigos, compañeros de clase e incluso profesores. A continuación, proponte a lo largo de la semana que viene agradecerles algo que sueles dar por sentado, por insignificante que parezca. Después, anota cómo han reaccionado a esa muestra de gratitud inesperada. ¿Cómo te ha hecho sentir?

- Apunta en un papel tus principales creencias y valores. Busca un sitio donde puedas guardarlo para tenerlo siempre a mano, como el bolsillo de tu mochila o dentro del monedero. Si en algún momento te planteas qué deberías hacer o cuál es la intención que se esconde detrás de los halagos o cumplidos de otra persona, piensa en la lista. Aunque no la saques al acto ni la leas enseguida, ¿qué te parece tener escritos tus valores y llevarlos encima? ¿Te ayuda a vivir de una forma coherente con los puntos que has anotado? ¿Te resulta más complicado justificar si vas en contra de ellos? ¿Te sirve para ayudar más a la gente y a ser más positiva?

RESUMEN

Ser adolescente en un mundo controlado por los adultos puede hacerte sentir impotente, pero también significa que tienes una oportunidad para alzar la voz de los demás y ayudarlos a que se les escuche. Si consigues hacer sentir importantes a otras personas y que crezcan gracias a tus cumplidos, lograrás transformarlas. Y eso no se limita solo a las personas que te rodean. Todas las personas que conoces tienen alguna virtud. Si a primera vista no distingues nada que halagar, vuelve a mirarlas. Resaltando los puntos positivos de los demás conseguirás su atención. Dejando a un lado sus defectos lograrás que esos puntos negativos se vayan marchitando. Es decir, reconociendo el talento de los demás, reconociendo su belleza y sus virtudes, los inspirarás para que den lo mejor de sí mismos. Y si te conoces bien a ti misma y confías en ti, si vives de forma auténtica y eres sincera con tus valores, tu propio poder también aumentará.

DECIRLE A LA GENTE LO MARAVILLOSA QUE ES

CAPÍTULO 3

Hacer amigos

Se pueden ganar más amigos en dos meses si se interesa
uno en los demás, que los que se ganarían en dos años
si se hace que los demás se interesen por uno.

Dale Carnegie

Todos tenemos necesidades distintas cuando hablamos de amistades. Algunos prefieren tener un grupito de buenos amigos o una única mejor amiga. A otros les gusta tener grandes grupos de amigos activos que siempre estén haciendo planes. Otros se decantan por una mezcla de buenos amigos y conocidos de diferentes facetas de su vida. Cada uno tiene sus preferencias, pero, sean cuales sean, todos tenemos algo en común: amigos, todos tenemos que hacer amigos. A algunos les sale de forma natural. Sin embargo, a veces puede ser difícil encontrar a los tuyos y abrirse a nuevos amigos potenciales.

Es archiconocido que el primer día en un instituto nuevo es una experiencia horrible. No sabes cómo funciona, lo que la gente espera de ti, si encontrarás a muchas personas como tú o si te sentirás terriblemente sola. ¿Les gustarás a los profesores? ¿Harás amigos? Sea en infantil o en la universidad, todos estamos nerviosos al caminar por un pasillo repleto de caras que no nos resultan familiares, e intentar descubrir a nuevos amigos entre esas caras es... muy complicado. Por suerte, hay una forma superfácil de romper el hielo, en cualquier situación, con cualquiera, y ni siquiera tienes que pensar en qué debes decir.

Sonreír.

Es el gesto más potente del mundo. No hace falta que sea la espeluznante sonrisa del gato de Alicia, ni una sonrisa exagerada mostrando todos los dientes y manteniendo un contacto visual intensísimo. Simplemente, una sonrisa rápida cuando consigas cruzar la mirada con alguien es suficiente para conectar con ella y causarle una buena impresión. Es el equivalente a decir: «Eh, ¿qué tal? Soy una persona simpática, segura de mí misma y cercana, y puedes hablar conmigo», y mucho menos extraño que soltarle eso a alguien. De verdad, no te acerques a alguien y le dejes caer una frase de ese estilo.

Si no tienes claro cuál es la sonrisa «correcta», a veces ayuda tener una frase en la cabeza para darle expresión al tono que estás buscando. Si el primer día de instituto consigues cruzar la mirada con alguien y sonreír mientras piensas «Vale, ya lo tengo», darás una impresión muy distinta que si sonríes pensando en bucle: «Por favor, no me odies». Una sonrisa no tiene que ser una súplica desesperada de amistad, una invitación a una atención no deseada o un rayo de sol brillante. Puede ser conmiseración, camaradería y un modo sincero de conectar.

¿No me crees con lo de la sonrisa? Piénsalo un segundo: ¿con quién es más probable que hables? ¿Con el chico que siempre anda con el ceño fruncido detrás de un flequillo que le tapa los ojos; con la chica que te mira y, entonces, asustada, baja la mirada hacia el móvil, o con la persona con quien cruzas una mirada unos segundos y te regala una agradable sonrisa? No hay duda: quieres hablar con la persona que parece interesada en hablar contigo. Y eso es recíproco.

En mi primer año en el instituto, decidí presentarme a una prueba para salir en la obra de teatro. Cuando me presenté, no conocía a nadie y me quedé sentada en un rincón estudiándome el guion, intentando que no se notara que estaba nerviosa. De repente, una chica que estaba a metro y medio de mí me sonrió. Mi primera reacción fue: «Uau, qué tía tan simpática», incluso antes de que se levantara y se me presentara. ¿Y sabes qué? Somos amigas desde entonces.

Kim, 14 años, Pensilvania

Todos hemos vivido alguna vez esta situación: ser la única persona en una sala llena de personas que ya se conocen entre ellas. No es una gran experiencia. Recibir una sonrisa de alguien de esa sala puede parecer como si alguien te lanzara un salvavidas. Así que, si alguna vez eres tú la que estás en esa sala, no te olvides de ser amable con la persona recién llegada que podría llegar a ser amiga tuya.

Es evidente que tienes que ser receptiva a las sonrisas para que surtan algún efecto; es decir, tienes que verlas. Es muy tentador disimular los nervios escondiendo la cabeza bajo el ala. Pero si no miras a tu alrededor, no verás las reacciones de los demás. Si siempre estás entretenida con el móvil o tienes los ojos clavados en tus zapatos mientras andas, no podrás coger el salvavidas que trata de lanzarte otra persona. Es difícil, pero inténtalo un día: oblígate a guardar el móvil en la mochila, camina con la mirada alta y fíjate en lo que estás viendo. Igual te cruzas con la sonrisa que alguien te está dirigiendo.

Lo cierto es que, cuando sonrías y pongas en marcha tus dotes de amabilidad, la gente no solo querrá conocerte, sino que además será más receptiva a tus deseos y necesidades. Es lo opuesto a la tríada crítica-condena-queja. Fíjate en lo que Nelia Ponte, la directora de publicaciones en la Universidad de Boston, cuenta sobre la contratación anual de personal para el anuario. Como la mayoría de los entrevistados son estudiantes, no tienen mucha experiencia, así que ella da mucho valor a las impresiones personales a la hora de contratar a los miembros del equipo.

«Siempre me fijo en si los estudiantes sonríen y si son amables con los adultos. Cuando un estudiante de primer año, de 18 años, llega y me pregunta cómo estoy, me entran ganas de contratarlo al instante. Revela una cierta madurez. A los que entran por la puerta mirando las paredes y murmurando "Hola, vengo a la entrevista", solo les diría: "Vive la vida. Vuelve a hablar conmigo de aquí a unos años, cuando hayas crecido". Es decir, si un estudiante llega sonriendo, me mira a los ojos y habla directamente conmigo, me da la sensación de que es una persona lo bastante segura de sí misma como para que yo no tenga que hacerle de canguro. Esos críos llegan a la entrevista sin currículum ni experiencia laboral, pero eso me da igual. La manera como se presentan y me saludan me dice mucho más sobre su forma de ser».

Una sonrisa y presentarse de forma agradable son puntos vitales para hacer amigos en cualquier situación, a cualquier edad. Es más fácil de decir que de hacer, por supuesto; eso nos expone frente a los demás y, por tanto, nos sentimos vulnerables. Sin embargo, es un pequeño gesto, un primer paso sencillo y razonable que puede representar un gran cambio sin que tengamos que arriesgarnos mucho. Plantéatelo así: si alguien te sonriera de forma inesperada, ¿te parecería algo trascendental? Seguramente no. Intenta no ponerte en el peor de los escenarios y regodearte en el lado negativo —algo llamado catastrofizar— y sigue sonriendo en el contexto adecuado.

Si te acabas de mudar a otro barrio, si has cambiado de cole o entras en un equipo nuevo, tu sonrisa será tu tíquet de entrada. Si te encuentras a alguien en una situación nueva, ofrécele una sonrisa cordial y verás cómo es un millón de veces más fácil conseguir una respuesta amable. ¡Sin más!

¿EN QUÉ SITUACIONES PODEMOS SONREÍR?

Es fácil de decir, pero no siempre lo es de materializar. A veces no eres capaz de esbozar una sonrisa, y no solo cuando estás en una situación incómoda o nueva. La vida es una suma de cosas: tus padres que se pelean, tu mejor amiga que no te habla, suspendes un examen sorpresa, te olvidas los deberes de geometría y el almuerzo

en casa, y solo es martes. No parece un escenario que invite mucho a sonreír. Pero en realidad es en esas situaciones en las que sonreír te puede ayudar más. Los estudios demuestran que una sonrisa basta para mejorar el estado de ánimo, ¡aunque sea una sonrisa forzada! Así que si tienes un día pésimo, fingir que estás contenta (o al menos forzar una sonrisa) puede darte el empujón que necesitas para pasar la jornada.

Esto no quiere decir que debas ignorar los problemas o intentar sonreír en un episodio grave de salud mental; simplemente, te sorprendería la fuerza que podría darte una sonrisa, aunque sea falsa. ¿Quién sabe? Quizá consigas mejorarle el día a otra persona.

Hay una chica del instituto que siempre sonríe. Aunque no te conozca casi de nada, te saluda en el pasillo y siempre tiene una historia divertida que contarte. Te hace sentir especial que ella se dé cuenta de que existes y se ponga a hablar contigo, aunque tenga un montón de amigas y no seas nadie muy cercano a ella. Me inspira a hacer lo mismo: a sonreír a todo el mundo y ser simpática con los demás, aunque no los conozca mucho.

Lydia, 16 años, Pensilvania

Imagínate lo que cambiaría el temible primer día de instituto si hubiera más estudiantes que hicieran lo mismo. Puede parecer un tópico o demasiado *happy flower*, pero las sonrisas realmente tienen el poder de levantar el ánimo, abrir mentalidades y abrir puertas. No está mal, teniendo en cuenta que es algo que no cuesta casi nada.

Hay otro motivo que explica por qué en los momentos en que estás más desanimada es cuando más necesitas sonreír. Dale Carnegie lo explica así: «No es lo que tienes, quién eres, dónde estás o lo que estás haciendo lo que te hace más o menos feliz. Es cómo te enfrentas a ello. Dos personas pueden estar en el mismo lugar, haciendo lo mismo y, sin embargo, una puede sentirse desgraciada y la otra superfeliz. ¿Por qué? Porque tienen una actitud mental distinta».

Gran parte de esta «actitud mental» es dónde buscas tú la felicidad. Si piensas «Sería feliz si pudiera entrar en la carrera que yo quisiera, si me aceptaran en el equipo de fútbol, si encontrara un trabajo a media jornada, si me pudiera permitir ropa más buena, etcétera», seguro que te llevarás una decepción. Confiar en circunstancias externas para ser feliz es una receta para la infelicidad, porque la línea de la meta no deja de moverse nunca.

Imaginémonos que entras en la mejor universidad del país con una beca. ¿Y ahora qué? ¿Ya eres oficialmente feliz? ¿Reto conseguido, ya puedes tachar ese punto de la lista y nunca más tendrás que preocuparte por ser feliz? ¿O cuando desaparezca la emoción seguirás buscando otra cosa? En general, el elemento externo que crees que te dará la satisfacción y las alegrías que buscas sí que provocará cierto orgullo, reconocimiento y felicidad. Momentáneamente.

Pero, luego, ¿qué pasará? Será el momento de encontrar otro objetivo que perseguir, y estarás convencida de que solo serás feliz de verdad si puedes conseguir lo siguiente que te propongas.

Es un ciclo agotador. Hazme caso, lo he vivido suficientes veces como para saber que estaba encallada en la rueda de hámster de la felicidad de la que nunca podría escapar.

El otro problema que representa confiar en elementos externos para ser feliz es que la mayoría de ellos no los puedes controlar. Analicémonos en términos de objetivos. ¿Cuál crees que es mejor: presentar diez solicitudes de entrada a la universidad bien redactadas o conseguir diez becas? Una depende solo de ti, mientras que la otra depende de muchos más factores: suerte, planificación, la gente que las haya solicitado, quiénes son esas personas, y así sucesivamente. No les des las llaves de tu felicidad a otras personas. No está en tus manos que te acepten en el equipo de fútbol o no, pero sí que puedes presentarte a todas las pruebas de selección y esforzarte al máximo. Céntrate en las cosas que están a tu alcance y siempre tendrás algo por lo que sonreír.

Y aunque consigas centrar tu felicidad internamente en lugar de externamente..., la vida es dura, a veces. Llevamos una vida frenética y se nos acumula el trabajo, y de vez en cuando nos parece como si se nos tragaran los millones de cosas que tenemos entre manos: el insti, la familia, el futuro, etcétera. Si estás triste o te sientes superada gran parte del día y no puedes cambiarlo, o si esa sensación está interfiriendo en tu capacidad para superar el día a día, podría ser algo más complicado que el lidiar con las típicas batallas diarias. Las enfermedades mentales, como la depresión o la ansiedad, son muy habituales, y además son tratables. Como ocurre con las enfermedades físicas, existen estrategias probadas que sirven de verdad. Pero para conseguir ese tratamiento, tienes que hacerle saber a otra persona cómo te sientes —sean tus padres, tus hermanos o incluso un profe o una entrenadora—, y ella te ayudará a ponerte en contacto con el especialista que sabe cómo tratarlo. No es fácil acceder a esa ayuda, pero vale mucho la pena recibirla y que las cosas empiecen a ser más soportables. En el propio instituto, hay mediadores o tutores que se encargan de estos temas. Y piensa que incluso podrías hacer algún amigo durante ese proceso. Las cargas parecen menos pesadas si tienes con quien repartirte el peso.

RECORDAR LOS NOMBRES

Vale, has sonreído a alguien y te ha correspondido. ¡Bien! ¡Un gran alivio! ¿No estás agradecida de haber tenido un libro tan fantástico como este que te explicara cómo hacerlo? Es evidente que ahora eres una máquina de hacer amigos. Pero cuidado: tu nueva amiga potencial te está diciendo algo y tú estás tan contenta con todo el rollo de la sonrisa que no la estás escuchando.

¡Despierta y préstale atención!

A los dos segundos de conocer a alguien, recibirás una información superimportante a la que tendrías que prestar atención: su nombre. Si estás chateando con alguien, no pasa nada, es fácil. Queda escrito en la pantalla y puedes retroceder un poco si se te olvida.

Pero ¿en persona? No siempre es sencillo. No hay nada más importante que recordar sobre una persona que cómo se llama, y si no lo memorizas la primera vez que te lo dicen, se te borrará de la memoria antes de que hayas acabado de presentarte. ¿Cuántas veces te ha pasado que te presentan a alguien, estás media hora hablando con esa persona y, cuando te das la vuelta, no recuerdas cómo se llama? Lo único peor que darte cuenta de que te has olvidado del nombre de alguien es llamarle por el nombre equivocado.

En primero éramos 150 alumnos nuevos y yo ya conocía a unos veinte. Tres meses después, me sabía el nombre de todo el mundo, pero no todo el mundo se sabía el mío. Y eso me hizo sentir mal, como si yo no me mereciera su tiempo.

Sara, 14 años, Florida

He visto a la prima de mi mejor amiga seis veces, como mínimo. La segunda vez que alguien nos presentó, dije: «Oh, ya nos conocemos», pero me dio la sensación de que ni tan solo me reconocía. Nunca se acuerda de cómo me llamo, ni siquiera ahora. Mi amiga jura que su prima es muy mala para los nombres, pero, aun así, a mí me sienta fatal, como si me ignorara. No me cae bien.

Tiffany, 13 años, Indiana

¿Demasiado duras? Quizá sí, pero la gente en realidad se da cuenta de que no la llamas por su nombre. Y, sinceramente, si eres capaz de recordar los nombres de tropecientos actores, músicos, deportistas, seguro que tendrás espacio en la memoria para los nombres de la gente con la que interactúas. Theodore Roosevelt tenía fama de acordarse de cómo se llamaban todos los trabajadores de la Casa Blanca, incluyendo criadas y jardineros. Y Bill Clinton y George W. Bush, también. Si el presidente de Estados Unidos tiene tiempo para aprenderse el nombre de la gente, estoy casi segura de que todos podemos.

En la mayoría de los casos, lo único que necesitas es prestar atención. Pero si aprenderte los nombres no es lo tuyo, tranquila, no todo está perdido. Aquí tienes algunas estrategias que te pueden servir:

- Escucha cuando digan por primera vez el nombre de alguien. (Evidente). Si no lo entiendes bien, pídele que te lo repita.

- Usa su nombre en la primera frase que digas, como, por ejemplo: «Encantada de conocerte, Ben» o «¡Qué pasada de nombre! No conozco a nadie que se llame Zoe».

- Si no habías oído nunca antes ese nombre o te cuesta pronunciarlo, pídele que te lo deletree. Es mejor ser respetuoso y entenderlo bien que decirlo mal durante meses y que la otra persona tenga que corregirte.

■ Visualiza cómo se escribe. Puede ayudarte a memorizarlo.

■ Piensa en alguna característica de esa persona con la que puedas establecer una relación con el nombre, como una rima o una pista mnemotécnica.

■ Si te da miedo olvidarte de un nombre, escríbelo cuando acabes de hablar con esa persona, al lado de cómo la has conocido y cuándo.

■ Si todo lo demás te falla, ponte en contacto con esa persona por las redes sociales y confía en que su cuenta lleve su nombre.

■ ¿Y si te olvidas de cómo se llama? Podrías ir disimulando por los siglos de los siglos, pero al final queda raro y es fácil que te pille. Admítelo, sin más. Dile algo como «Perdona, ya sé que nos conocemos, pero me he olvidado de cómo te llamas, ¿me lo recuerdas?». Y la próxima vez que hables con esa persona esfuérzate en demostrarle que no te volverá a pasar.

EL ABECÉ DE LAS CONVERSACIONES

Siempre que conozco a alguien, me quedo en blanco. Nunca sé qué decir ni cómo empezar a hablar con otra persona. Siempre acabó sintiéndome como una *loser*.

Caitlin, 13 años, Massachusetts

A mí me pasa lo mismo, Caitlin. Tardé un tiempo en entender cómo funcionaba eso de entablar una conversación. Pero, por suerte, no es un tipo de conjuro mágico ni depende de que se alineen las estrellas. Si has conseguido saber el nombre de alguien, ya tienes la parte más dura ganada. Una vez que estés cara a cara con alguien, hablar es más sencillo con —¿preparada para este ciberanzuelo?— un pequeño truco.

La mayoría cometemos el error de pensar que tenemos que ser interesantes para que los demás se interesen por nosotros. Y entonces nos pasa alguna de las dos opciones siguientes: o bien nos estresamos tanto pensando qué es lo mejor que podemos decir que nos bloqueamos, o bien nos lanzamos a una conversación (o, peor aún, un monólogo) sobre lo que nos pasó en clase de inglés o sobre cualquiera de nuestras frikadas. Porque si algo nos fascina, tiene que fascinar a la persona con la que hablamos, ¿no?

Evidentemente, eso es una trampa. Dale Carnegie lo explicó sin tapujos: «La gente no está interesada en ti. No está interesada en mí. Está interesada en sí misma». No pretendía decir que todos seamos unos egocéntricos, pero en realidad lo somos; forma parte de nuestro instinto de supervivencia, viene de serie. Está claro que sería muy noble que todos estuviéramos preocupados por el hambre mundial, los derechos humanos o el cambio climático, y es evidente que sí que nos preocupan esos temas, pero el 90% del tiempo estamos pensando en cosas que afectan directamente a nuestras vidas. Eso no nos convierte en malas personas, sino en personas humanas.

¿Y qué tiene que ver todo eso con hablar con la gente? Pues que no tienes que estresarte por parecer interesante. Lo único que necesitas es parecer interesada. Me encantaría haberlo aprendido antes. Recuerdo estar en el instituto temblando por si me quedaba a solas con alguien que casi no conocía o, peor, con alguien que me gustaba. Me quedaba bloqueada, horrorizada por si decía algo aburrido o vergonzoso. Pero yo no necesitaba un inicio de conversación perfecto, ni tú tampoco. Lo que necesitas es dar con el enfoque adecuado. Pregúntale a la otra persona sobre su tema preferido: ella misma. Si estás haciendo cola en el comedor del insti, al lado de alguien que quieres conocer, practica el ejercicio de sonrisa-contacto visual y deja caer una pregunta relacionada con sus intereses o preferencias. La clave aquí es intentar evitar preguntas que se respondan con un sí o un no, y plantear, en cambio, preguntas abiertas que les hagan hablar. En vez de preguntar «¿Te gusta la profe de ciencias?», prueba con «¿Qué te parece la profe de ciencias?».

Eso no quiere decir que tengas que fingir que estás fascinada mientras alguien divaga sobre algo terriblemente aburrido. Tampoco estoy sugiriendo que tengas que pestañear y babear ante cada sílaba que salga de los labios de la otra persona. Se parece a la diferencia entre elogiar y adular: si no te interesa mucho lo que te está contando, se dará cuenta enseguida. A nadie le gusta la gente falsa, ¿te acuerdas? Pero si aprendes a hacer preguntas y a escuchar con atención, sin duda te convertirás en mejor conversadora, e incluso puede que descubras que la persona con la que estás charlando es más interesante de lo que te imaginabas. Mostrar interés por los gustos de los demás implica que tendrás que preocuparte mucho menos por los silencios raros que cuando te sientas al lado de alguien que no conoces de nada. Por muy irónico que parezca, los conversadores más brillantes suelen hablar poco o casi nada.

«Así pues, ¿debería limitarme a sentarme al lado de esa persona y escuchar lo que tenga que decir y ya me convertiré en una gran conversadora?», te estarás preguntando. Bueno, no exactamente. Escuchar no es un reflejo pasivo, mecánico. No es como parpadear o respirar. Requiere concentración. Muy a menudo nos perdemos largos fragmentos de una conversación porque no prestamos atención suficiente. Nos dejamos llevar por nuestros pensamientos, o más frecuentemente, nos perdemos planificando qué diremos a continuación. Entonces, cuando se produce una pausa en la conversación, nos hemos perdido el punto fundamental para que esa charla fluya: oportunidades para plantear preguntas de seguimiento.

Además, hemos perdido la oportunidad de aprender algo nuevo sobre esa persona, y no hay nada tan impresionante como recordar detalles sobre los gustos de la otra persona. Los mejores conversadores cultivan una sincera curiosidad sobre los demás y sobre lo que dicen. Escucha y muestra curiosidad; ¿qué más querrías saber? Plantea esas preguntas y esfuérzate por recordar las respuestas.

> Da igual si eres un hombre de negocios o estás en el instituto: cuando conoces a mucha gente, cuesta recordar cómo se llaman, qué es lo que más les gusta hacer, cuál es su helado preferido. Pero si es algo importante para esa persona, tienes que recordarlo. Significa algo, porque en este mundo no hay tanta gente que lo recuerde. Y eso te hará destacar.
>
> Atoosa Rubenstein,
> exdirectora de la revista *Seventeen*

Acordarse de lo que a otra persona le fascina o lo que es importante para ella puede compensar en muchos sentidos. En primer lugar, conseguimos sentirnos mejor haciendo que los demás se sientan mejor. En segundo lugar, la naturaleza humana ya consiste en gustar a la gente que nos gusta. Así pues, cuando admiramos a otras personas, nos ganamos su admiración. Cuando mostramos interés por otras personas, conseguimos que se interesen por nosotras. Y quizá lo más importante: dejamos de formar parte de la gran multitud a ojos de un nuevo amigo potencial.

¿DÓNDE SE PUEDE CONOCER GENTE?

Aunque conozcas a millones de personas, igual sigues buscando algo... más. Tal vez tienes un montón de amigos, pero sigues buscando una amiga de verdad, alguien con quien puedas identificarte, que saque lo mejor de ti. A veces es difícil saber hacia dónde mirar.

Voy a un cole muy pequeño y conozco a todo el mundo, desde parvulario hasta mi curso, más o menos. Me gusta estar con gente y tengo amigos, pero me gustaría estar con alguien más. Alguien que no haga lo mismo de siempre cada fin de semana.

Elizabeth, 15 años, California

El rollo del colegio es que no tienes muchas más opciones que estar con la gente con la que pasas ocho horas al día. Y, sobre todo, en el caso de centros pequeños o en un pueblo donde has vivido toda la vida, puede darte la sensación de que estás atrapada en la etiqueta en la que te han encasillado o de que eres incapaz de escapar de algo que has estado haciendo desde primero. Evidentemente, deberías hacer un esfuerzo por interesarte de forma sincera por las otras personas del instituto, ya que compartes con ellas todos los días de tu vida. Y si muestras un interés sincero, puede que te sorprenda descubrir que no conoces tan bien como creías a alguna compañera de clase. Puede que, además, presupusieras algo o que le hubieras colgado a alguien una etiqueta que no lo define del todo bien.

Pero también deberías tener presente el mundo externo al instituto: cantidad de gente que puede que conozcas o que puede que aún no conozcas. Acceder a ese mundo es superfácil: haz algo que te guste. ¿Haces teatro? Apúntate a algún taller con un grupo de teatro local. Si se te da bien el fútbol, preséntate a las pruebas de un equipo que te quede cerca o de algún club de tenis donde jueguen chicos y chicas de varios institutos. ¿No tienes dinero para apuntarte a nada? Es probable que la biblioteca local realice actividades varias: grupos para jugar a videojuegos, clases de dibujo, cinefórums y voluntariado, donde podrás conocer a otros jóvenes del barrio. Si desplazarte por la ciudad es un problema, busca en tu barrio, en el centro cívico. Si buscas actividades fuera del instituto, no solo podrás poner en práctica tus intereses, sino que incluso encontrarás a otras personas que tengan los mismos que tú, y por consiguiente un tema para entablar una conversación. Solo eso aumentará tus posibilidades de conocer a alguien con quien conectar.

Hay centenares de grupos y sitios distintos donde se puede conocer a gente con la que congeniar. Solo se necesita buscar un poco y una pizca de creatividad. Observa tu ciudad como si fueras un turista y empieza a explorar. Te aseguro que descubrirás que tiene mucho más para ofrecer de lo que te imaginas. Buscando por internet igual encuentras un estudio de arte por donde has pasado un millón de veces sin darte cuenta. Apúntate a clases de cerámica: quizá descubras a la escultora que llevas dentro, y a varias personas con dotes artísticas que te valorarán a ti y tus obras de arte. O quizá podrías colaborar con alguna ONG y hacer nuevos amigos con quienes compartir tu altruismo. Las posibilidades son interminables.

También hay muchas oportunidades para entablar buenas amistades *online*. Es cierto: existen muchas historias terribles de gente rara, abusadores y todo tipo de delincuentes que actúan en internet, y no es mi intención minimizarlas. Pero también hay un montón de historias bonitas sobre gente que ha conocido por internet a su mejor amigo. Ya sabes lo que puedes compartir —evidentemente no des a nadie tu dirección, ni el nombre de tu instituto, ni nada sobre tu ubicación, nombre real o detalles parecidos— y seguro que eres consciente de que internet facilita que haya personas que oculten quiénes son en realidad. Eso, en cierto modo, puede hacerte más fácil ser tú misma. Pongamos que estás mirando una serie y que ninguna de tus amigas sabe de qué le hablas. En la red encontrarás a miles de personas que hacen comentarios, crean GIF, hacen dibujos inspirados en ella, escriben teorías elaboradas sobre lo que pasará la próxima temporada..., y todo lo que se te ocurra. No tienes que sufrir por si te juzgan. O imaginemos que tienes un problema personal: sufres un trastorno emocional, te estás planteando algo de tu vida o tus padres se están separando. En internet puedes encontrar a otras personas que hayan pasado por la misma situación y sentirte menos sola.

No sustituyen al cien por cien las relaciones humanas cara a cara, pero las relaciones *online* pueden ser igual de íntimas, y es una fantástica manera de ampliar tu círculo social y salir de las mismas amistades del instituto en las que estás atrapada cada día. Es verdad que también podrías llegar a conocer en persona algún día a esos nuevos amigos telemáticos —de forma segura, por supuesto, ya sabes cómo tendrías que hacerlo—, pero prepárate para no congeniar con esa persona del mismo modo que como lo haces por internet. No pasa nada. Eso no significa que la amistad sea menos importante. La distancia que te ayuda a sentirte segura para mostrarte tal y como eres, en persona no la tienes, y es complicado cruzar esa línea.

Pero igual conectas de inmediato y esa persona y tú os convertís en amigas inseparables. ¡Vete a saber! Te animo a ir con cuidado, a actuar con inteligencia y a encontrar a nuevos amigos. Te servirán los mismos consejos. No puedes sonreír a alguien a través del ordenador, pero podrías hacer algo equivalente: un comentario sobre su forma de escribir, felicitarla por sus obras artísticas...; cualquier cosa que rompa el hielo y sirva para establecer un contacto de forma positiva. Lo conseguirás.

DÉJATE CONOCER, TAMBIÉN

Vale, ya lo has hecho: has sonreído tan cordialmente como has sabido, has impresionado a alguien con tus dotes de conversación y notas que estás a punto de tener un nuevo amigo. Pues ahora es el momento del salto mortal: ábrete y deja que te conozca a ti también.

Cada vez que conozco a alguien, tengo la sensación de que me contengo mucho. Solo les dejo ver el 50% de lo que soy. No sé, supongo que me cuesta confiar en los demás y a veces no sé cómo bajar la guardia.

Danielle, 15 años, California

Supernormal. La mayoría pensamos que somos un poco raros y que si la gente nos conociera de verdad saldría corriendo. A nadie le gusta que le juzguen, y si alguna vez te has sentido decepcionada, ofendida o menospreciada por alguien, seguro que te costará lanzarte otra vez. Pero, por desgracia, lo que a nosotros nos parece una forma de autoprotegernos puede ser una gran barricada en el camino de hacer buenos amigos. ¿Cómo esperas conectar con alguien si no le das la oportunidad de conocerte? Cuanto más te abras y más compartas sobre ti, aunque eso te horrorice, más fuertes e importantes serán los vínculos que crearás con esa otra persona.

Si te cierras en ti misma, lo que transmites a los demás es que no te gustas. Por tanto, si quieres derrocar esas barreras, tendrás que preguntarte qué es eso que te parece tan horrible, personal o vergonzoso de ti misma que necesitas esconder. ¿Te preocupa que tu obsesión por las pelis coreanas repela a la persona con quien quieres salir? ¿O que el palo que te da ir de compras te aleje de una nueva amiga que aspira a ser una *influencer* de moda?

No te preocupes demasiado. Te estás haciendo amiga de estas personas porque les gustas. Créeme. Y eso significa que lo más seguro es que les gusten las peculiaridades que te hacen una persona tan interesante y única. En realidad, es probable que lo que más les guste de ti sea: *a*) tu autenticidad y *b*) tu humanidad. Y, sinceramente, ser amiga de una persona perfecta suena fatal. ¿Te imaginas lo intimidante que podrías ser? Encuentra a la persona a quien le gusten tus rarezas y disfrútalas.

Todos tenemos algo que nos parece un poco raro para compartirlo con los demás. Puede dar respeto derrumbar los muros que te protegen, sobre todo si has tardado años en construirlos debido a una mala experiencia pasada. Pero tus amigos y tú no tenéis por qué compartir las mismas ideas, sentimientos e intereses. No tienes que estar de acuerdo con ellos en todo. Ni mucho menos. Es más factible que los demás respeten a alguien que es coherente con las cosas que le gustan y que se muestra tal y como es. Por otro lado, entonces también se sentirán más cómodos mostrándose tal y como son delante de ti. Cuanto más abiertos y sinceros seáis entre vosotros, más aprenderéis de ambos, más cuestionaréis los puntos de vista de la otra persona y más íntimos seréis. Es cierto, eso implica cierta vulnerabilidad, y nos hace sentir incómodas, pero la contrapartida vale mucho la pena: una amistad más íntima, más abierta, más real y más comprensiva. Y más puntos de vista. Si le das la oportunidad a la gente de que te conozca de verdad, podrás transformar a los conocidos en buenos amigos. Y si eso no se merece dar un salto tan grande, nada se lo merecerá.

AUTOEVALUACIÓN

- Te propongo un pequeño experimento sociológico. La semana que viene intenta sonreír a todas las personas que puedas y tan a menudo como puedas. Ganarás puntos extra si sonríes a alguien que no está en tu círculo de conocidos, como, por ejemplo, alguien que te cruces por el pasillo del instituto con quien no suelas hablar: profes, vecinos o la camarera del comedor. Si te atreves, otro objetivo sería alguien que te atraiga y te interese, pero con quien no hayas hablado casi nunca. Y apunta qué sucede: ¿Te han devuelto la sonrisa? ¿Has conseguido hablar con alguien? Si es así, ¿has podido usar los consejos de este libro para seguir charlando? ¿La otra persona y tú os reconoceréis la próxima vez que os veáis? ¿Cómo te has sentido al final de la semana?

- Busca una actividad fuera del instituto. Podría ser un voluntariado de un día, como, por ejemplo, clasificar comida un par de horas en el banco de alimentos local, o apúntate a una clase o búscate un trabajo, siempre que sea algo que te interese de verdad. A continuación, apunta las respuestas a las preguntas siguientes: ¿Qué te ha parecido moverte en un entorno nuevo? ¿Has podido usar los consejos de este libro para romper el hielo con las personas nuevas? ¿Crees que has causado una primera impresión buena o una impresión distinta de la que sueles dejar? ¿Has conocido a alguien que pueda ser un amigo potencial? ¿Cómo puedes seguir estrechando lazos con esa persona?

• Elige a una persona a la que te gustaría conocer mejor. La próxima vez que os veáis, intenta compartir con ella algo que normalmente te guardes para ti misma. Podría ser un detalle, como el hecho de que no soportas un tipo de música que le gusta a ella o que tienes una obsesión secreta con un *youtuber* concreto, o podría ser algo más importante, por ejemplo, una inseguridad o un problema que tengas. ¿Cómo ha reaccionado tu nueva amiga? ¿Se ha mostrado crítica o comprensiva? ¿La has inspirado para que comparta también algo contigo? ¿Cómo te sientes después de todo eso? ¿Te ha sentado bien desahogarte? ¿Crees que ahora sois más íntimas?

RESUMEN

A todas nos ponen nerviosas las situaciones en las que tenemos la sensación de ser la persona nueva. Sin embargo, sonreír (aunque sea con una sonrisa un poco forzada) puede aumentar tu confianza y hacerte parecer una persona más cercana. Si te resulta imposible sonreír, aunque sea falsamente, podría ser que tuvieras algún tipo de problema emocional; no dudes en contárselo a alguien para conseguir ayuda. Cuando hayas establecido el contacto con alguien, asegúrate de que retienes su nombre en la memoria. Y luego... ¡relájate! Todo lo que tienes que hacer es hacerle preguntas, escuchar con verdadero interés y plantear preguntas que lo demuestren, para que ese nuevo conocido acabe siendo un amigo íntimo. Amplía tu círculo de amistades buscando oportunidades fuera del instituto o por internet, y asegúrate de que esa nueva amistad también se interesa por ti: tendrás que abrirte para dejar que los demás te conozcan.

CAPÍTULO 4

Todos tenemos deseos y necesidades

Solo existe una forma de hacer que otra persona haga algo. ¿Lo has pensado alguna vez? Sí, solo una forma. Y es consiguiendo que la otra persona quiera hacerlo.

Dale Carnegie

Empecemos por lo más obvio: todos queremos y necesitamos cosas a veces, y a veces esos deseos y necesidades requieren cosas de los demás. Ayuda, favores, participación, que te acerquen en coche, algo de dinero, apoyo..., ¿lo pillas? Según lo que necesitemos, igual tenemos que convencer a otra persona, pero ¿cómo convencemos a otra persona de que haga algo? ¿Tendríamos que hacerlo? ¿Eso no es manipular?

Volvamos a nuestra discusión sobre la naturaleza humana del capítulo anterior. ¿Recuerdas que hemos hablado de entablar conversaciones, de que a la gente le gusta hablar de sí misma? Pues lo mismo es aplicable aquí: la mayoría de los actos que llevamos a cabo desde el día que nacemos son porque queremos algo. No es cinismo; así funcionamos las personas. Puedes cuidar de ti misma y seguir preocupándote de los demás. De hecho, es importante asegurarte de que no dejas a un lado tus necesidades. Eso no implica que seas mala persona o que te preocupes solo de ti misma; es solo que esta conexión básica del cerebro humano es imprescindible cuando alguien decide (consciente o inconscientemente) si quiere hacer algo o no.

Me apuesto lo que quieras a que ya te estás planteando el principal argumento contra esta forma de pensar. ¿Y qué pasa con el altruismo? Preocuparse desinteresadamente por los demás y hacer cosas por los otros sin esperar una recompensa. ¿Y todas las horas que te has tirado haciendo voluntariado? Nadie va a decirte que eres egoísta si dedicas tu tiempo a una causa o si haces algo para ayudar a alguien de tu familia que está pasando por un mal momento. Lo que pasa es que hacer este tipo de cosas, aunque son buenas para los demás, también te hacen sentir bastante bien a ti. Y eso es positivo. Significa que tienes empatía. Cuando empatizamos con otra persona, nos apropiamos de sus necesidades e intereses. A todos nos sabe mal ver que hay gente en nuestra ciudad que pasa hambre, por lo tanto, nos hacemos nuestra esa necesidad y nos ofrecemos como voluntarios en el banco de alimentos local para saber qué necesitan. Luego experimentamos la satisfacción de haber cubierto esa necesidad como si hubiera sido nuestra a través de nuestra ayuda.

Y seamos sinceras, ¿verdad que ese voluntariado queda bien en el currículum?

Así pues, cada acción tiene una motivación de algún tipo. Es como funcionamos las personas, y todo eso se resume en otra herramienta fundamental para tratar con los demás. Del mismo modo que tus deseos y necesidades impulsan tus acciones, los deseos y necesidades de los demás motivan sus acciones, y eso incluye a tu madre, a tu mejor amiga, a tu hermano pequeño e incluso a tu adorable abuelita. Y todo eso nos lleva a la reflexión siguiente: si quieres o necesitas que alguien haga algo —lo que sea—, tendrás que encontrar una forma de hacer que quiera hacerlo. A veces nos olvidamos de ello cuando estamos obsesionadas con nuestras propias necesidades.

Después de lo que me costó sacarme el carnet de conducir, mis padres no me dejan conducir nunca. Les digo que es muy injusto. Todas mis amigas conducen por donde quieren. Ya no soy una niña, y tienen que respetarlo. Es como si dijeran que no porque sí.

Vanessa, 17 años, Texas

Mi entrenador de atletismo no es nada realista. Es como si él se creyera que el deporte lo es todo en mi vida. Cuando le dije que me iba a saltar un par de entrenos porque tenía que terminar un trabajo de historia, se cabreó y me dijo que me echaría del equipo si no me presentaba. Al final fui, pero el trabajo de historia no me salió tan bien como yo quería. Ahora me estoy planteando muy seriamente dejar el equipo, aunque correr me encanta.

Rebecca, 15 años, California

Después de lo que has aprendido sobre la motivación humana, ¿qué te chirría en los dos testimonios anteriores? Ninguna de las dos chicas se está planteando las necesidades de la persona a la que intenta convencer. ¿Crees que a los padres de Vanessa les convencieron argumentos como «no es justo» y «todas mis amigas lo hacen»? Mmm, no. Ni por asomo. Probablemente, los interpretaron como quejas (¿te acuerdas del primer capítulo?). Y aunque la necesidad de tiempo para estudiar de Rebecca es legítima, no se lo planteó bien a su entrenador para que entendiera que no podría entrenar tanto. Ahora que ya sabemos lo que no funciona, analicemos cómo podrían adaptar esas dos conductas para conseguir sus objetivos.

LO PRIMERO: DAR LAS GRACIAS A LA OTRA PERSONA

La próxima vez que tengas que convencer a alguien de algo, oblígate a parar y a preguntarte: «¿Cómo puedo conseguir que sea mejor para ellos? ¿Qué es lo que quiere y necesita esa otra persona?». Sin duda tienes que evitar caer en la crítica-condena-queja del capítulo 1: quejándote, criticando o condenando seguramente no lograrás lo que necesitas. ¿Por qué? Porque cuando la gente se siente atacada, tiende a responder con una ola de orgullo y autoprotección. Eso sería suficiente para evitar que estén de acuerdo contigo, aunque entiendan tu punto de vista.

Recuerda este consejo cuando te enfrentes a un tema en el que todas las personas implicadas presenten sentimientos fuertes o una inversión emocional. Fíjate en el ejemplo de Vanessa y el coche. Enseguida empezó a quejarse de que sus padres eran injustos, y me apuesto lo que quieras a que eso no les pasó por alto. Lo más probable es que hoy les siga pidiendo que la lleven a los sitios. Aunque sus razones para conducir fueran válidas, lo único que lograría acusando a sus padres de ser «injustos» debió de ser que se pusieran a la defensiva.

Si, en cambio, hubiera empezado diciendo: «Sé que no os gusta demasiado la idea de que yo conduzca, pero creo que estoy preparada para asumir más responsabilidades. A lo mejor podría empezar yendo en coche sola a los ensayos de teatro, así adquiriría más práctica y os liberaría a vosotros por las tardes», habría abierto un diálogo que habría puesto sobre la mesa algunas de las preocupaciones de sus padres al tiempo que les habría presentado los beneficios que ellos conseguirían. Quizá la mayor preocupación de sus padres era que condujera de noche o con amigas, pero no les hubiera importado que ella usara el coche por la tarde, después de clase. Ellos querían que no le pasara nada a su hija, por supuesto, pero seguro que también les habría gustado tener más tiempo para ellos, y habrían podido estar dispuestos, bajo ciertas circunstancias, a dejar conducir a Vanessa si se satisfacían sus deseos. Pero si la petición empieza con un ataque nunca se puede llegar a un entendimiento de ese tipo. Aunque los padres de Vanessa no le hubieran dejado las llaves a cada momento, ella se habría acercado un paso más a su objetivo si hubiera tratado de convencerlos de que era lo suficientemente madura como para salir a la carretera.

Asimismo, debes asegurarte de elegir a la persona adecuada según cuál sea tu objetivo. Pongamos que necesitas hacer unas horas de voluntariado para ponerlo en el currículum y tú quieres hacer de voluntaria en un centro de protección para animales de tu ciudad, pero no quieres ir sola. Tienes que convencer a una amiga para que te acompañe y, dependiendo de la amiga que elijas, puede resultarte sencillo o casi imposible. Si tienes una amiga que es alérgica a los gatos, te costará mucho más convencerla de que te acompañe —y, de hecho, no deberías insistirle—. Elegir a la persona adecuada para cumplir con tu deseo o necesidad no solo es positivo para ti (te será mucho más fácil convencerlos), sino también para la persona a la que se lo estás pidiendo (no la pones en un aprieto y tienes la oportunidad de fortalecer vuestra relación). En este caso, tendrías que elegir, sin duda, a esa amiga que adora a los perros. (Nota al pie: esa soy yo. Yo soy esa amiga).

SI A TI NO TE INTERESA, NO LE INTERESARÁ A NADIE

¿Verdad que es obvio? Pero cuando estás intentando convencer a alguien para que haga algo, es difícil centrarse en por qué crees que una actividad vale la pena si ya sabes que a la otra persona no le gustará. Lo más sencillo es que se ponga a la defensiva automáticamente. De repente, en vez de elogiar las virtudes de tu fantástica idea, lo más probable es que le vea todos los peros a la situación. Si no te entusiasmas tú, nadie más lo hará. El entusiasmo es contagioso, así que úsalo a tu favor.

Emocionarse con algo ayuda, sobre todo, en situaciones en las que los beneficios para la otra persona no son tan evidentes. Imagínate la siguiente situación:

Tienes una amiga del alma a la que quieres con locura, pero con la que no tienes demasiadas cosas en común. A ella le encantan los cómics, las novelas gráficas, el *anime*, y todo ese tipo de cosas, pero a ti no te dicen nada. (Igual sí, pero como es una situación imaginaria, sígueme la corriente). Se suponía que otra amiga tenía que acompañarla a la Feria del Cómic, pero en el último momento se ha echado atrás, y ella no quiere ir sola de ninguna manera. Tu amiga es consciente de que le costará convencerte, pero también sabe que lo que a ti te gustan son los caballos, pintar y el cine, así que tendría dos posibilidades:

1. «Sé que odias este tipo de cosas y seguramente pasarás un día horrible, pero mis padres no me dejan ir sola, ni quiero ir sola, en realidad. Será un día larguísimo, de diez de la mañana a nueve de la noche, pero significaría tanto para mí que me acompañaras...».

O...

2. «¡Estoy superemocionada con esta feria! Todo el mundo dice que será mucho mejor que la del año pasado. ¿Sabes quién irá? Ese pintor tan famoso que

ha pintado los decorados de un programa de la tele, y también habrá un montón de gente que entrena a los dobles de los caballos de las pelis. Además, por la tarde, habrá una proyección de la última peli de Marvel, esa que te perdiste cuando la estrenaron en el cine. Creo que nos lo pasaremos superbién, de verdad, y siempre podemos marcharnos antes si no te gusta».

Una de las dos opciones es mucho más eficaz que la otra. Si esta chica usa lo que sabe que te gusta (hipotéticamente) para seducirte, será mucho más convincente, y te pegará su entusiasmo. ¿Qué te parece? ¿La acompañarías? Si lo hicieras, ¿te sabría mal haberte dejado convencer?

¿Y si nos imaginamos otra situación, un concierto, por ejemplo?

Imaginemos que una amiga tuya tiene unas entradas y quiere ir, sí o sí, al concierto, pero a ti el grupo que toca no te gusta mucho, y odias las multitudes. ¿Te convencerá?

1. «Vale, sé que no te gusta este grupo y seguramente tú nunca elegirías ir a un concierto suyo, pero tengo unas entradas penosas y estaré tan lejos que me aburriré como una ostra si voy sola o con mi madre. Por favor, sálvame».

O...

2. «Ya sé que no te gusta la música que toca este grupo tanto como a mí, pero sus conciertos son una pasada y se puede bailar mucho, y creo que te gustaría verlos en directo. Las entradas que tengo están bastante atrás, en las gradas, o sea que el ambiente será más tranquilo que en la pista, delante de todo. Y como no te gustan mucho las multitudes... Si me acompañas, te puedes quedar a dormir en mi casa y mi padre me ha prometido que nos preparará un superdesayuno al día siguiente. A ti te gustan los crepes, ¿verdad? Pues los de mi padre son memorables. ¿Qué te parece?».

Me quedo con los crepes. Aunque ir a un concierto no sea algo que te atraiga mucho, la segunda opción, al menos, tiene en cuenta tus necesidades e intereses. Es mucho más fácil que acabes diciendo «Venga, igual no está tan mal; al menos será algo diferente», aunque no estés tan entusiasmada como tu amiga. Saber contagiar el entusiasmo y tener en cuenta las necesidades de la otra persona es lo que marcará la diferencia.

PREPÁRATE

Lo cierto es que habrá ocasiones en las que no te servirán ni toda la comprensión ni todo el entusiasmo del mundo. Pero si eres totalmente clara sobre lo que necesitas y cómo ayudar a la otra persona a querer lo mismo, puedes convencerla sobre tu punto de vista.

A todos nos ha pasado alguna vez: empiezas sabiendo muy bien lo que quieres, pero a la que la otra persona empieza a enumerar razones en contra de tu idea, te pones nerviosa y pierdes de vista tu objetivo original. La única solución es estar plenamente preparada para la lluvia de contraargumentos que te caerá. ¿Cuál es la mejor forma de prepararse? Por muy evidente que parezca, lo más fácil es sentarse con papel y boli y hacer una lista, empezando por lo que quieres y por qué, y siguiendo por destacar las objeciones que crees que planteará la otra persona, ideas para rebatirlas y los motivos (si es que hay alguno) por los que tú crees que la otra persona puede querer hacer lo que tú necesitas, desde su punto de vista. Tener una lista de puntos a favor de tu idea o propuesta puede ser muy útil a la hora de discutir, ya que a la otra persona le servirá como una especie de recordatorio de tu punto de vista. Pero puede llegar a parecer un poco raro tener una lista en la mano; así que apréndete todos esos puntos de memoria.

El problema de Rebecca con su entrenador de atletismo es un ejemplo perfecto de una situación en la que habría sido útil tener una lista preparada (en papel o en la cabeza). Rebecca necesita más flexibilidad en su horario de entreno, pero sabe que su entrenador rechazará directamente su propuesta cuando se la haga. Además, como su entrenador es una figura de autoridad intimidante, puede ser duro discutir con él. Rebecca suele obedecer sus órdenes, y no al revés, de modo que la situación es complicada desde el principio. Pero su necesidad de tener más flexibilidad no es solo válida, sino que es imprescindible para que triunfe como estudiante y como atleta. Solo tiene que convencerlo. La lista de Rebecca podría parecerse a la siguiente:

LO QUE ELLA NECESITA: UN HORARIO
DE ENTRENAMIENTO MÁS FLEXIBLE

POR QUÉ LO NECESITA: PARA CONCENTRARSE
EN UN GRAN PROYECTO Y MANTENER SU
BUEN RENDIMIENTO ACADÉMICO

LAS POSIBLES QUEJAS DEL ENTRENADOR:

1. Si se salta entrenos, no solo no avanzará como atleta, sino que sus resultados podrían empeorar.

2. Es importante que ella se entrene cuando el resto del equipo lo hace, para mantener el sentido de trabajo en equipo. Además, tiene que demostrar su dedicación al deporte.

3. Si el entrenador permite que las atletas dejen de entrenar cuando tengan otras prioridades, ¿qué tipo de equipo conseguirá?

CONTRAARGUMENTOS A LAS QUEJAS DEL ENTRENADOR:

1. Rebecca podría comprometerse a entrenar por su cuenta los días que no pueda ir al entreno. Así, sus resultados no se resentirían y ella se ahorraría el tiempo de los desplazamientos, que podría dedicar al proyecto académico.

2. Si limitara la falta a entreno a una vez al mes, no perjudicaría a la unidad del equipo. Si este argumento por sí solo no sirve para demostrar la dedicación de Rebecca, ella podría ofrecerse a montar las vallas o a algo parecido que sea útil para todo el equipo al día siguiente de faltar al entreno.

3. Si se queda estudiando hasta tarde, estará más cansada y estresada que si pudiera entrenarse de vez en cuando por su cuenta. Y eso provocaría tan malos resultados como saltarse algún entreno.

4. Por último, si el resto de los argumentos no convencen a su entrenador, Rebecca le podría contar que le encanta correr, pero que, en el futuro, si tiene que elegir entre el deporte o ir a la universidad, escogerá la universidad. Entonces su entrenador perdería a una atleta y nadie saldría ganando.

Haciéndolo así, Rebecca tiene una serie de argumentos convincentes que presentar. Y al destacar por qué su plan sería beneficioso tanto para ella como para su entrenador, a este le costaría mucho más negarse a lo que le está pidiendo. Asimismo, haciendo la lista, ella tendrá la ocasión de pensar qué está dispuesta a hacer para defender su postura antes de encontrarse en una situación hiperestresante delante de su entrenador. Evidentemente, ella nunca debería asegurar, por ejemplo, que solo se perderá un entreno al mes o que montará las vallas para compensar el no haber ido a un entreno si cree que se lo puede ahorrar tener que hacerlo. La finalidad de preparase con antelación es asegurarse de que ambas partes al final saldrán ganando. Al fin y al cabo, una lista te puede dar la confianza para entablar una negociación y para conseguir el objetivo de que ambas partes queden contentas.

QUÉ PUEDES APRENDER DE LA PUBLICIDAD

Como hablamos de persuasión, vamos a recurrir a los expertos: los especialistas en marketing. El único objetivo de un anuncio es conseguir que quieras algo, y estos profesionales trabajan usando muchos de los consejos que hemos expuesto hasta ahora, solo que los llevan al extremo de atraer a un grupo de personas en vez de dirigirse a una o dos. Piensa un momento en un anuncio de telefonía. ¿Se centra en lo que la empresa quiere (que te dejes un pastizal en un móvil nuevo y en una tarifa mensual)? No, destaca lo tú quieres enseñándote a gente guapa haciéndose un selfi en la playa. Y esos modelos están entusiasmados de estar ahí: no miran el móvil con cara de zombis ni tienen el dedo sanguinolento de tanto pasarlo por una pantalla rota; se pasean con sonrisas de oreja a oreja junto a sus amigos y enseñan un teléfono requetenuevo.

Finalmente, anunciando sus ofertas de «con la compra de uno te llevas otro gratis» o cualquier descuento a la tarifa de teléfono, este tipo de anuncios contraargumentan frente a la excusa más habitual para no comprarse un teléfono nuevo (el dinero). Así que, cuando estés en una situación en la que tengas que persuadir a todo un grupo de gente, tienes que saber que puedes confiar en las habilidades que acabas de aprender. Solo necesitas ser un poco creativa a la hora de exponer tus argumentos.

De pequeña, cuando formaba parte de las Camp Fire Girls (una organización americana parecida a las *girlscouts*), siempre temía el momento de la venta anual de caramelos. Para mí era una forma de molestar a mis vecinos, llamando a sus puertas cada dos por tres. Estaba convencida de que me compraban esos caramelos de menta más por ser amables conmigo que porque tuvieran un deseo real de probarlos. Y seguramente tenía razón. ¿Por qué? No les estaba dando ningún motivo para querer esos caramelos. Todo eso cambió un día lluvioso de San Valentín en el que me quedé atascada en un aeropuerto. Mi madre, que es muy lista, con una cinta en la mano, me sugirió que pegara un lacito en cada caja y cambiara el cartel que tenía, en el que se leía «Caramelos de las Camp Fire Girls» por otro que dijera: «¿Necesitas un regalo de San Valentín de última hora? Compra una cajita de caramelos de las Camp Fire Girls». En menos de diez minutos tenía una cola larga

de clientes que esperaban comprar una de esas cajitas de caramelos tan bien envuelta, y en una hora lo había vendido todo. A la gente no le interesaba una caja de caramelos gigante para comérsela en el aeropuerto, pero sí que querían un regalo rápido para un ser querido.

Brooklyn y Bailey McKnight, las jóvenes gemelas que triunfan en YouTube, aprendieron enseguida que responder a las necesidades de su público era fundamental para crear un canal de éxito. De hecho, la idea de crear un canal nació de las peticiones de sus seguidores. Se iniciaron con solo nueve años en el canal de belleza para chicas de su madre, donde solían ser las modelos de los tutoriales de peinados. La gente sentía curiosidad por las gemelas y siempre les hacían preguntas, de modo que decidieron que, cuando cumplieran 13 años, montarían su canal de YouTube. Desde ese momento, siguieron escuchando a sus seguidores y empezaron a desarrollar el tipo de contenido que querían ver, manteniéndose coherentes con ellas mismas, como hace cualquier marca que se precie en las redes sociales.

Ahora, con 21 años, estudian empresariales en la universidad; Brooklyn y Bailey valen más de 2,5 millones de dólares, tienen más de 6,5 millones de suscritores y han lanzado varios negocios complementarios y campañas humanitarias. Sus fans les comentaban cosas sobre sus ojos o les preguntaban qué rímel usaban. Así que, aprovechando esta oportunidad, las gemelas lanzaron su marca de rímel: Lash Next Door. También tienen su propia línea de diademas y complementos, y colaboran con grandes marcas como JCPenney con mochilas y otros productos. Incluso han entrado en el negocio de la música. Han aparecido en las listas de *influencers* de *Business Insider* y *Forbes*, y han sido nominadas a premios tanto por su música como por el contenido de su canal. Escuchando a sus seguidores y ajustando sus mensajes en consecuencia, Brooklyn y Bailey, como muchas estrellas jóvenes de YouTube, han convertido su canal en un negocio boyante. Se trata de tener siempre presente a tu público.

NEGOCIACIÓN VERSUS MANIPULACIÓN

Volvamos un momento a la pregunta del principio del capítulo: ¿Todo esto no es manipular? Al hablar con algunas chicas sobre estas técnicas, «manipulación» es una palabra que se repite muy a menudo. Pero Dale Carnegie no lo veía así. Lo explicaba del modo siguiente: «Buscar el punto de vista de la otra persona y despertarle un deseo entusiasta por algo no hay que interpretarlo como manipular a esa persona para que haga algo que te beneficiará a ti y la perjudicará a ella. Cada parte debe ganar algo en una negociación».

En otras palabras, mantener una negociación que deja a todas las personas implicadas mejor de lo que estaban antes de empezar es diferente que amenazar, acosar, hacer sentir culpable o intimidar a alguien para que haga algo que solo responde a tus intereses. Volvamos al ejemplo de Rebecca y su entrenador: si las negociaciones llegaran a buen puerto, Rebecca tendría el tiempo que necesita para trabajar en el proyecto del instituto, pero su entrenador también tendría una deportista en su equipo más concentrada, más descansada y más productiva, dispuesta a realizar un esfuerzo extra. Ambos saldrían ganando. ¿Aún lo dudas? Pues aquí tienes otro cuestionario (espero que bastante evidente):

Estás haciendo un trabajo en grupo para el instituto y una de las chicas no se está implicando igual que el resto. ¿Cómo negociarías con esa persona para que colaborara más?

Opción 1: Sabes que se le da bien pintar, de modo que le pides si podría trabajar en las ilustraciones y los ejemplos del trabajo mientras tú te encargas de la parte de buscar información. Ambas hacéis lo que se os da mejor, y así las dos sacáis mejor nota.

Opción 2: Le dices que el resto del grupo le contará a la profesora que ella no ha hecho nada del trabajo, y suspenderéis todas, mientras que los demás de la clase aprobarán.

Quieres participar en los talleres sobre modelos de las Naciones Unidas organizados por esta misma entidad, pero caen en uno de los fines de semana con más actividad en tu trabajo y no crees que tu jefe te deje cambiar el turno. ¿Cómo deberías enfocarle el problema a tu jefe?

Opción 1: Hacer una lista con antelación de todos los argumentos que crees que usará tu jefe y de cómo puedes responder. Luego, plantéate ofrecerte a trabajar en el turno de los dos próximos domingos (turno que nadie quiere) a cambio de tener un día para asistir a esos talleres.

Opción 2: Cámbiate el turno con otro trabajador sin decirle nada a tu jefe y, en caso de que este lo descubra, dile que era una oportunidad única en la vida y que no poder hubiera sido terrible para ti.

La persona con la que estás saliendo odia las fiestas del instituto, pero tú sí que quieres ir a la fiesta de principio de curso y quieres ir con él. ¿Cómo lo convencerás?

Opción 1: A tu pareja le fascina la música, así que le podrías hablar sobre el increíble grupo local que tocará en directo en la fiesta. Además, habrá comida gratis de su restaurante preferido. Le puedes prometer que le ayudarás a elegir qué ponerse y que os podéis marchar de la fiesta al cabo de una hora si no se lo está pasando bien.

Opción 2: Dile a tu pareja que irás igualmente sin ella y que te lo pasarás genial mientras ella está en casa y, luego, ignora sus mensajes durante tres días.

Si has elegido la segunda opción en cualquiera de las tres situaciones hipotéticas, estás olvidándote de la parte de «beneficio mutuo» de los principios de Dale Carnegie, aunque en el último caso la opción dos podría ser considerada como buena si obviamos lo de ignorar a la pareja luego durante tres días. Si ambas partes salís ganando, estamos frente a una negociación, pero si tú eres la única persona que consigue lo que quiere, entonces es un caso de manipulación. Si tienes alguna duda, pregúntate qué es lo que estás ofreciendo realmente. Si la palabra «no» sale en la respuesta (por ejemplo, «no tener problemas con el profesor»), tienes que replantearte tus motivos.

Lo mismo ocurre con lo que los demás te propongan a ti. Si ves que no te sentirás cómoda con tu decisión más adelante, confía en tu instinto: alguien te está intentando manipular. Si te encuentras en una situación así, tienes dos opciones: decir claramente lo que piensas o alejarte. Tú eliges, pero lo que hagas dependerá mucho de la persona que te está pidiendo algo. Si es tu mejor amigo, ha llegado la hora de hablar con él, lo que no será fácil, pero sin duda la conversación acabará fortaleciendo vuestra amistad, haciéndola más sincera en adelante. Si es alguien que no conoces mucho, casi lo mejor es evitar a esa persona, o al menos afrontar todas las interacciones futuras preparada para sus tácticas manipulativas. No te sientas mal por protegerte. Te mereces esa seguridad.

Esa seguridad y el respeto por los deseos y necesidades de la otra persona son mucho más importantes cuando se trata de una relación sentimental, que es cuando somos más vulnerables. Igual no estás nada interesada en la parte física de las relaciones, o porque no estás preparada o porque estás en algún punto del espectro asexual. Quizá sí que estás interesada, o sientes curiosidad, o ya has vivido alguna experiencia. Quizá te da pánico el sexo o no tienes ni idea de cómo planteártelo. Todo está bien, sea cual sea tu postura. Lo más importante es asegurarte de que tus deseos y necesidades van en la línea de los de tu pareja, y que tenéis una comunicación clara sobre el tema. ¿Te interesa a ti el sexo? ¿A la persona con la que sales? ¿De qué tipo de sexo estamos hablando y dónde están los límites? ¿Qué tipo de protección, tanto para no tener hijos (si es el caso) como para evitar la transmisión de enfermedades sexuales, usaréis? En este tema no hay atajos; hay que hablar de estas cosas para dejarlas claras con tu pareja. No puedes evitar estos temas y simplemente esperar que los dos queráis lo mismo, por muy incómodo que te resulte hablar de ello en ese momento. No hay nada más sexi que un consentimiento entusiasta, un «sí» claro de ambas partes de que lo que va a pasar no solo está bien, sino que es algo deseado. Y si la respuesta es que no, también está bien. Hay millones de formas de estar juntos, y tu relación será más sólida si os comunicáis con sinceridad sobre este tema.

Si tu pareja escucha tu «no» y sigue intentando convencerte, activa todas las alarmas. Nunca deberías sentirte presionada por una pareja para hacer algo que no quieres hacer, ni deberías presionar tú nunca a una pareja para que cruzara sus líneas rojas. Es muy fácil tomárselo personalmente —«¿No me quiere?», «¿No soy atractiva?», «¿He hecho algo mal?»—, pero deja de pensar en ti y plantéate las cosas desde la perspectiva de la otra persona. Hay millones de motivos válidos por los que alguien puede no estar preparado para tener relaciones sexuales, y la mayoría no tienen nada que ver contigo. Si eres la parte que recibe la presión, recuerda la tríada crítica-condena-queja. ¿Tu pareja está usando cualquiera de esas tres opciones en tu contra? Si es así, cero culpa por salir pitando y no volver nunca más. Es una señal de que tu pareja no te respeta, y lo que está claro es que no quieres mantener relaciones sexuales (o cualquier otro tipo de relación) con alguien que no te respeta, ni a ti ni a tus decisiones. ¡No te merece!

La gente de todas las edades se siente presionada, e incluso manipulada, para mantener relaciones sexuales, y sobre todo entre los diecimuchos y los veintipocos. Vuelve a consultar la lista de valores que has escrito en el capítulo 2, mantén a raya la manipulación, comunícate claramente con tu pareja y da un paso más allá solo cuando la otra persona y tú hayáis respondido con un «sí» claro y entusiasta. Al fin y al cabo, el sexo no debería ser algo a lo que tener miedo ni desconfianza; se supone que tiene que ser divertido. Haz caso a tu instinto y ¡pásatelo bien!

AUTOEVALUACIÓN

- Piensa en la última vez que intentaste convencer a alguien para que hiciera algo, por insignificante que fuera. Si la persona accedió a ello, ¿fue porque usaste técnicas como las que hemos sugerido en este capítulo o porque empleaste métodos más manipulativos? Si fue por la segunda opción, ¿pudiste ser sincera contigo misma en el momento y reconocer que estabas intentando manipular a alguien? ¿Cómo te sentiste al conseguir lo que querías? ¿Cómo se sintió o reaccionó la persona a quien convenciste? Si no lo lograste, después de leer este capítulo, ¿qué habrías hecho de otra forma?

- Piensa en la última vez que alguien te convenció para que hicieras algo. ¿Acabó siendo una experiencia positiva o negativa? ¿Te sentiste como si negociaras con esa persona para que ambos salierais ganando o te dio la sensación al final de que te había manipulado para que hicieras algo que no querías hacer? Si fue una experiencia negativa, ¿qué sentiste? Puede ser duro dar un paso atrás, observar tus emociones con objetividad y darte cuenta de que no todo el mundo pone por delante tus intereses. Si es alguien que te importa, puede resultar hasta doloroso. Por tanto, intenta estar bien despierta en las negociaciones y ten siempre en mente: ¿A quién beneficia? Si no es a ninguna de las partes, ¿por qué no? ¿Te da la sensación de que se han aprovechado de ti? Está bien autoprotegerse en todo momento.

RESUMEN

A Dale Carnegie le encantaba citar a Henry Ford, quien, cuando hablaba de persuasión, decía que, si existía algún secreto para el éxito, este radicaba en la capacidad de entender el punto de vista de la otra persona y ver las cosas tanto desde su perspectiva como desde la propia. Volvemos a la empatía, ¡como siempre! Evitando la crítica-condena-queja, con un entusiasmo contagioso y siendo muy clara con lo que quieres —y, más importante aún, teniendo claro también cómo se beneficiará la otra persona—, nadie se resistirá a tus poderes de persuasión. Por suerte para los demás, ¡ambas partes saldréis ganando!

CAPÍTULO 5

Escucha

Si quieres gustar a la gente, si quieres hacer amistades
de verdad, no te olvides de esto: tienes que interesarte
genuinamente por los demás.

Dale Carnegie

Existe una razón por la que el perro es el mejor amigo de una chica.
Piénsalo: tu perro siempre está contento de verte. Le importa un
bledo que hayas suspendido un examen de química o que tengas
un grano descomunal en la nariz: se te sube encima y te trata como
si fueras lo mejor desde el invento del beicon. Y a ti te encanta.

   ¿Cuál es la explicación? Tu perro nunca ha asistido a clase de psicología, pero automáticamente sabe cómo ganarse tu cariño: hacerte sentir importante y querida, hagas
lo que hagas. Ahora, imagínate lo
bien que responderían los que te
rodean si les demostraras una dé-
cima parte de ese entusiasmo. Por
favor, no te imagines saltando sobre tus amigos y regalándoles unos

lametazos babosos y cariñosos cada vez que los veas —eso, seguramente, tendría el efecto contrario—, pero, como mínimo, podrías mostrar una atención sincera por ellos. Es la regla de oro para fortalecer las relaciones y para convertirse en la mejor amiga, novia, hija... e incluso estudiante. Si demuestras a la gente que tienes un interés genuino por ellos de forma sutil, los resultados serán más que evidentes.

¿Quieres una prueba? Les pregunté a una docena de chicas quién era la persona con la que les gustaba más hablar, y la mayoría de las respuestas fueron del tipo:

Diría que con mis dos mejores amigas de primaria. Siempre me escuchan y me hacen preguntas.

Heather, 14 años, Pensilvania

Tengo una muy buena amiga desde que empecé el instituto. Se lo cuento todo.

Arden, 14 años, Nueva Jersey

Mi amiga Naomi. Puedo hablar con ella siempre que estoy chof y necesito desahogarme.

Rachel, 17 años, Pensilvania

Mmm... ¿Ves algún patrón?

Vale la pena interesarse por cualquier cosa que sea importante para la otra persona. Los amigos en realidad buscan que se les escuche con interés. Eso no significa que tú no puedas hablar nunca o que aburras hasta la extenuación a la otra persona si compartes con ella algo sobre ti, pero la regla número uno en una amistad es aprender a escuchar de forma activa, empática. Y no vale fingir, créeme.

Tengo una amiga con la que me gusta hablar, pero se distrae fácilmente. A veces estoy hablando con ella y, de repente, ella empieza a contarme otra cosa. O puede que esté mirando la tele mientras hablamos por teléfono y, de golpe, se pone a reír, y entonces me doy cuenta de que no me estaba escuchando.

Jennifer, 14 años, Pensilvania

A todos nos ha pasado alguna vez. Un amigo que te suelta un «Ajá» cuando (si te hubiera estado escuchando) sabría que la respuesta correcta era «¡De ningún modo!». Eso de escuchar a medias es irritante, por decirlo finamente, ya que en realidad es del todo ofensivo. Haz el test siguiente para ver si sabes cuál es la diferencia entre oír a alguien y escuchar de verdad lo que te está contando:

Tu mejor amiga te llama, y por su voz sabes de inmediato que ha estado llorando. A la vez, estás wasapeando con tu prima. ¿Qué haces?:

a) Le preguntas a tu amiga qué le pasa, te despides de tu prima con una disculpa rápida y cierras el wasap.

b) Cierras el wasap con tu prima, pero abres el juego de móvil al que estás enganchada; será una charla larga.

c) Le cuentas a tu prima qué pasa. Así entenderá que igual tardas un poco en volver a comunicarte con ella.

Tu madre te grita algo desde la otra punta de la casa, pero no puedes descifrar qué te está diciendo porque tienes la música a tope. ¿Qué haces?:

a) Paras la *playlist*, le preguntas qué pasa y vas a ver qué te está diciendo para dejar de gritaros.

b) Le gritas que, si quiere hablar contigo, vaya a tu habitación.

c) Le gritas que vale, aunque no tienes ni idea de lo que te ha dicho. Si es importante, ya te lo volverá a decir.

Estás viendo el partido de fútbol del equipo del insti y la persona con la que sales se presenta con cara seria y te dice «Hola, ¿puedo pedirte algo?» justo cuando el equipo está jugando superbién. ¿Qué haces?:

a) Te giras hacia tu pareja para mirarla de cara y le dices: «Pues claro, ¿qué necesitas?».

b) Le dices «Claro» mientras observas cómo el *crack* del equipo se desmarca por la banda.

c) Te levantas y animas al equipo: están a punto de marcar y ¡el público se está volviendo loco!

Después de que tu equipo de vóley haya vuelto a perder, el entrenador decide dar una charla para animar al equipo. Mientras el resto de las jugadoras se va sentando por el vestuario, tú:

a) Buscas un sitio desde donde puedas ver al entrenador y al resto de las compañeras y miras a todo el mundo mientras habla. Tú también estás muy enfadada por haber perdido, y crees que hay que encontrar una solución.

b) No dejas de mirar el móvil mientras absorbes lo que van diciendo. ¿Alguien ha colgado ya alguna foto del partido?

c) Suspiras de forma visible y te preparas para el mismo sermón que has oído un millón de veces. Luego te sientas al fondo para poder mirar Instagram discretamente.

A todos nos pasa que hay momentos en los que estamos demasiado cansados, distraídos o desinteresados como para escuchar qué nos dicen. Y, de vez en cuando, está bien reconocer que no estás preparada para prestarle toda tu atención a alguien, siempre que se lo digas y no le ignores mientras habla. Pero si has contestado *b* o *c* en alguna de las preguntas anteriores, tu problema no está en la predisposición, sino en tus habilidades de escucha. Pero no te agobies; es una habilidad que poca gente tiene. Escuchar con un interés genuino es, en palabras de Dale Carnegie, «uno de los mejores cumplidos que le puedes hacer a alguien». La escucha activa no sale de forma automática (de ahí que sea «activa»), sino que es una habilidad que se puede dominar gracias a la práctica. Te presentamos cuatro formas de empezar.

ELIMINA LAS DISTRACCIONES POTENCIALES:
eso significa apagar la tele, la música, dejar a un lado el móvil y levantarse de delante del ordenador.

Por mucho que pensemos que podemos hacer varias cosas a la vez mientras hablamos (sobre todo si hablamos por teléfono), no hay nada más molesto que oír teclear al otro mientras le contamos algo. También conozco a gente que intenta seguir la serie de Netflix con los subtítulos y sin volumen cuando hablan por teléfono. ¿Cómo lo hacen?, me pregunto. Pero, sobre todo..., ¿por qué lo hacen? Si estás prestando atención a otra cosa que no sea la persona que te habla, das a entender que el objeto inanimado es más importante que esa persona. La irritante excusa «Estaba buscando algo que quería enseñarte» no es válida. La retomaremos más adelante. ¡Déjalo todo y no vuelvas a cogerlo hasta que no acabes de charlar con la persona que te ha llamado!

PONTE CÓMODA, PERO NO DEMASIADO CÓMODA: está bien repanchigarse en el sofá para hablar, pero tienes que ser consciente de que tu lenguaje corporal demostrará si estás escuchando o no. Si paseas la mirada por la habitación, no paras quieta o bostezas, darás la impresión a la otra persona de que estás deseando que termine de hablar. Pero si te concentras, conectas con su mirada y te inclinas hacia delante, crearás un ambiente más íntimo y demostrarás que te importa mucho lo que te está contando tu amiga.

HAZ PREGUNTAS: cuando tu mejor amiga te cuenta que su novia desde hace dos años se está planteando irse a estudiar a dos mil kilómetros, exclamar «¡¿Dos mil kilómetros?!» o «Lo siento mucho,

¡qué palo!» le dará la sensación de que la entiendes y compartes su pena. Con un par de preguntas por aquí y por allá, recordarás más fácilmente las partes importantes de lo que te está contando («¿Y por qué quiere ir a esa universidad?»), lo que te ayudará a poder seguir hablando del tema en el futuro.

OLVÍDATE DE LOS «YOS»: nada de «Basta de hablar de ti, hablemos de mí» y soltarle una retahíla de «yo», «mi», «a mí»…, aunque te parezcan comentarios pertinentes. Por ejemplo, imaginemos que tu amiga admite que en realidad está muy celosa de que su novia se vaya a estudiar a esa universidad concreta, y tú le respondes con un «Yo no soy nada celosa». Seguís hablando de lo mismo, seguro…, pero ella no se sentirá muy reconocida. Es un momento en el que te necesita. Piensa en lo bien que se sentiría si te centraras en ella y le dijeras algo tipo: «Pero tú te habías decidido por la universidad de nuestra ciudad, ¿verdad? Y te han cogido porque eres muy buena. Es comprensible que estés un poco celosa, pero tienes que seguir adelante. ¿Qué podéis hacer para veros, a pesar de la distancia?». Con esas palabras, le demuestras a tu amiga que estás atenta a lo que dice, que crees en ella y que la estás intentando ayudar a enfocar el problema real.

Evidentemente, todo el mundo quiere y necesita compartir sus éxitos, fracasos y descubrimientos diarios. De hecho, como hemos visto en el capítulo anterior, si queremos construir relaciones más íntimas y serias, con amigos, familia, parejas o con quien sea, es vital compartir. Pero también lo es escuchar. Y una escucha activa significa poner por delante de todo a la persona con quien hablas.

ESCUCHAR Y QUE TE ESCUCHEN

Lo cierto es que escuchar te convertirá no solo en una persona más consciente y empática, sino también en una comunicadora más eficaz. Escuchando atentamente a tus amigos, a tus hermanos, a tu pareja y a tus padres, aprenderás cómo piensan. Y, además, aprenderás la mejor forma de poner tus argumentos sobre la mesa para que te entiendan. Tal y como hemos indicado en el capítulo anterior, es mucho más fácil presentar un argumento convincente si sabes qué les pasa a los demás por la cabeza. Hace poco, estaba con una amiga de la familia y pudimos resolver un problema que tenía prestando más atención a lo que se estaba diciendo.

Alicia, 15 años, y su madre discutiendo (vale, peleándose) sobre una fiesta a la que la chica quería ir el fin de semana siguiente. La discusión se parecía a algo así como:

ALICIA: Mira, mamá, para mí es superimportante. Una chica de segundo me ha invitado a esa fiesta, y no pasa cada día que alguien más mayor te invite a fiestas. Siempre me dejas ir a las de mis amigas. No entiendo por qué montas este numerito ahora.

MADRE: Sé que habrá alcohol en esa fiesta. Y no te voy a dejar ir en coche con tus amigas a una fiesta donde habrá alcohol. Ni hablar. La respuesta es no.

Tras unas vueltas más al asunto, me llevé a Alicia a otro lado. Le señalé que su madre parecía muy preocupada por el hecho de que tuviera que ir en el coche de otra persona y que ella, Alicia, saldría ganando si dejaba de plantearlo como una cuestión de «justicia». Al hacerlo, enseguida se dio cuenta de que su madre confiaba en ella, aunque hubiera alcohol en la fiesta. Lo que la preocupaba era la posibilidad de que se subiera al coche de alguien que hubiera bebido.

De repente, Alicia y su madre estaban frente a una situación que se podía resolver con un compromiso. El trato era que Alicia podría ir a la fiesta con sus amigas, pero tenía que aceptar que su madre la fuera a buscar para volver a casa. Y eso significaba que tendría que irse un poco antes del final, porque su madre no quería quedarse despierta hasta media noche esperando para ir a buscarla. ¿Era una solución perfecta? Igual no, pero al menos Alicia no se perdería del todo la fiesta y su madre no tendría que estresarse por la seguridad de su hija. Si Alicia no hubiera escuchado con atención lo que su madre le decía, también se podría haber perdido esa solución, y seguramente se habría tirado todo el sábado por la noche encerrada en su cuarto mirando las fotos de la fiesta que sus amigas colgaban en las redes.

Nunca sabes si la escucha activa te ayudará a que tu mensaje se entienda mejor o a que se reciba en vez de pasarse por alto. Pongamos el ejemplo de Nell Merlino, fundadora del día Take Our Daughters to Work Day. Mientras trabajaba en otra campaña educativa, en la Week Without Violence (Semana sin Violencia) de la asociación YWCA, aprendió lo mucho que escuchar podía ayudarla a comunicar su importantísimo mensaje sobre la violencia en contra de las mujeres. Nell me contó la siguiente historia:

Un objetivo importante de la campaña era abordar la violencia contra las mujeres y la violencia entre los hombres. Teníamos que encontrar una forma de hablar con los hombres sobre cómo trataban a las mujeres y también sobre cómo se trataban entre ellos. La mayoría de los estudios que consultábamos evidenciaban que los programas nacionales existentes en realidad no funcionaban. Mi hermano Joe me ayudaba en este proyecto y hablamos mucho, pero cuando yo le pregunté: «¿Cómo hablan de la violencia los hombres cuando conversan entre ellos? ¿Cómo abordan el tema?», él reconoció que no lo sabía. Nadie quiere admitir que hay hombres que agreden a mujeres, y la mayoría de hombres no usa la violencia contra las mujeres. Llegamos a la conclusión de que parte del motivo por el que los esfuerzos nacionales que se habían llevado a cabo hasta el momento no habían servido de nada era porque, mientras que la mayoría de hombres no agreden a mujeres, la mayoría de las organizaciones para mujeres tratan a todos los hombres como si fueran el enemigo.

Elaboramos un panfleto que se distribuyó por todo el país, no solo en algunos mostradores, sino que se repartió a hombres en aparcamiento, estaciones de metro y otros lugares públicos. Empezaba diciendo: «Sabemos que la mayoría de los hombres nunca pegaríais a vuestra mujer, pareja o a cualquier otra mujer. Vivimos y trabajamos con vosotros. Os queremos y os respetamos». Y fue una de las pocas veces en las que recuerdo que nadie tiraba el panfleto a la basura —y mira que hemos creado millones de panfletos sobre todo tipo de cosas—. Los repartimos en una esquina muy concurrida de Nueva York, en hora punta, y aunque la acera estaba llena de otros panfletos que la gente tiraba al suelo, no tiraron ninguno de los nuestros, porque nos dirigíamos a los hombres como personas pacíficas. Les pedíamos que nos ayudaran a tratar con los hombres que conocían y que llegaban al bar o al gimnasio diciendo «Le enseñé quién mandaba» o cosas por el estilo. Les pedíamos que no pasaran por alto esa porquería. La campaña fue muy eficaz y no sé si habríamos llegado a la misma conclusión si no hubiéramos estado trabajando en sintonía con hombres.

Al escuchar de verdad a los hombres con los que trabajaba, Nell se dio cuenta de que querían que se les hablara como aliados, no como enemigos, en la batalla contra la violencia de género. Escuchar, en vez de sermonear, y hablar con ellos, en lugar de hablar de ellos, funcionó. Nell descubrió una forma más eficaz de captar la atención de los hombres y consiguió una campaña antiviolencia que tuvo más éxito que otras que habían llevado a cabo. Hacía saber a los hombres que los había escuchado, y los hombres respondieron igual. Es una forma segura de fortalecer tus habilidades de comunicación, y tus relaciones. Si te tomas el tiempo de escuchar con atención a los que te rodean, a menudo descubrirás que las diferencias pueden ser menores de lo que creías.

SALVAR UNA VIDA

A veces, cuando una persona lo está pasando mal, al hablar con ella nos puede ir dando pequeñas pistas que nos perderíamos fácilmente si no la escucháramos con atención. La salud mental es un asunto muy delicado, y hay gente a quien se le da muy bien ocultar lo mal que lo está pasando. Aunque alguien parezca estar muy bien por fuera, eso no significa que no esté viviendo episodios graves de ansiedad, depresión, trastorno obsesivo compulsivo (TOC), trastornos alimentarios o cualquier otro problema.

Tengo un amigo que vivió un calvario hace algunos años. Empezó a rechazar invitaciones, a mostrarse más reservado y a dejar de reír como solía. Era como si hubiera perdido la chispa. Un día, nos estábamos mandando unos mensajes y, aparentemente, no había nada en sus palabras que pudiera alertarme de que algo no iba bien, pero no parecía él.

Cuando me mandó su último mensaje diciendo: «Ojalá pudiera huir de todo», estuve a punto de tomármelo como otro comentario más. Pero se me encendieron todas las alarmas.

De inmediato, le propuse hacer una llamada por FaceTime para poder mirarle a los ojos y decirle lo mucho que me importaba, y que estaba preocupada porque hacía un tiempo que no lo veía bien. No entraré en más detalles, pero basta decir que la situación se había vuelto peligrosa para él y que necesitaba ayuda profesional (que acabó pidiendo, por suerte).

Como lo había estado escuchando durante un tiempo, fui capaz de percibir el momento en el que cambió. Y más importante aún: no dejé de escucharle activamente, aunque fuera a través de wasaps. Puede resultar muy complicado valorar el tono de alguien en las redes sociales, por wasap o en cualquier otra comunicación por escrito —todos lo sabemos—, pero eso no quiere decir que no prestemos atención a lo que nos están diciendo las personas que queremos o cómo nos lo están diciendo. ¿Conoces a alguien que de golpe y porrazo haya dejado de colgar fotos en Instagram y que soliera colgarlas a diario? ¿O que de repente empiece a colgar cosas mucho más oscuras o breves? Podría ser una señal de alarma. Si dudas, pasar a una llamada de voz o quedar en persona puede ayudarte a interpretar mejor qué está pasando, y es una buena forma de comprobar y ver qué te revela su tono de voz o su lenguaje corporal. Saber que tienes a alguien cerca a quien le importas ayuda mucho.

A menudo, un buen amigo o alguien de la familia son los que están en la mejor situación de darse cuenta de que una persona está actuando de forma distinta o de que está dejando caer algo en una conversación. Si usas tus habilidades de escucha activa, podrías ser tú quien capte las palabras adecuadas en el momento oportuno para ayudar a una amiga o a algún familiar que lo necesita de verdad.

ESCUCHA Y APRENDE

A todos nos han dicho un millón de veces que, si prestamos atención, aprenderemos algo. Si estas palabras te llegan en medio de una clase de la que quieres desconectar, lo último que quieres hacer es creértelas. Pero, a menos que ya lo sepas todo de todo —y ya me dirás quién lo sabe—, quizá te iría bien estar atenta. Y te explico el porqué: todas y cada una de las personas sobre la faz de la Tierra saben algo que tú no sabes. Mostrándoles un interés real y escuchando lo que te dicen no solo aprenderás algo nuevo (o al menos una parte de su punto de vista), sino que además puedes acabar ganando un nuevo amigo.

Al empezar la universidad, es una época en la que es fácil soltar a diestro y siniestro opiniones sobre los demás sin ni siquiera escuchar lo que dicen. Cuando estamos rodeados de extraños, es natural buscar pistas visuales de cosas que tengamos en común para estar seguros de saber a quiénes dirigirnos. Aunque también es verdad que estas pistas visuales nos pueden llevar a mal puerto. Fíjate en el ejemplo de Lisa —que encontrarás a continuación—, quien el primer día que entró en su habitación en la residencia universitaria vio que su compañera tenía medio dormitorio lleno de peluches de animales y de pósters de grupos de música pop muy ñoños y de Kenny G. Sí, ese tipo que toca jazz tranquilo y crea álbumes navideños con su saxo soprano. Nada que ver con la estética punk de Lisa. Sin embargo, por sorprendente que parezca, funcionó:

Nunca olvidaré mi primer día en la universidad. Fui a la residencia y vi que mi compañera de habitación ya había llegado. Ella no estaba en el cuarto, pero sí todas sus cosas, y reconozco que me quedé flipando. Cuando la chica, Meghan, al final apareció, yo no estaba muy convencida de que nos fuéramos a llevar bien. Hablaba muy flojito, a diferencia de las escandalosas de mis amigas, que siempre tienen opiniones muy sólidas, y llevaba una camiseta con un dibujo de un gatito. ¡Uf! ¿Dónde me había metido? Estoy segura de que ella pensó lo mismo al mirarme las uñas pintadas de negro.

Pues ¿sabes qué? Si Meghan y yo nos hubiéramos cruzado por el campus, lo más probable es que no nos hubiéramos saludado nunca, y mucho menos conocido. Pero al vernos obligadas a vivir juntas, tuvimos que comunicarnos y conocernos. Y para sorpresa de ambas, empezamos a hacernos bastante íntimas. Al fin y al cabo, teníamos cosas en común, como unos novios bastante pesados. Y aunque el suyo aún iba al instituto (era un año más joven que ella) y el mío era mayor, ambos vivían fuera del campus y podíamos compadecernos de lo duro que era encontrar un equilibrio entre salir con ellos y sentirnos como parte de lo que pasaba en la residencia.

También éramos distintas en muchos aspectos. Ella jugaba a waterpolo y quería ser entrenadora profesional. A mí se me daban bien materias de letras —lengua, historia y psicología—

y bastante mal las de ciencias. Cuando tenía examen de biología, ¿sabéis quién me ayudaba a estudiar? Meghan. Y cuando ella tenía que redactar un trabajo, era yo la que la ayudaba con la estructura. Además, a las dos nos fue muy bien tener a alguien con quien salir que estuviera fuera de nuestro círculo de amigos habitual. Cuando

le contaba a Meghan el último drama que habíamos tenido en el grupo de música que yo lideraba, ella siempre se ponía de mi parte. Y cuando era ella la que se peleaba con las del equipo de waterpolo, sabía que podía encontrar en mí a una aliada atenta. A final de curso seguía sin gustarme Kenny G, pero había aprendido que si juzgaba a los demás por cosas externas, como su ropa o su gusto musical, podía perderme buenas amistades. He perdido el contacto con la mayoría de los compañeros del primer curso en la universidad, pero Meghan y yo seguimos siendo buenas amigas, con nuestras diferencias y nuestras similitudes.

Lisa, 20 años, California

Aunque nunca llegaron a apreciar la música que le gustaba a la otra, Lisa y Meghan sí que llegaron a llenar vacíos de sus vidas que ni siquiera sabían que existían dejando de lado los prejuicios y escuchando lo que decía la otra con una mente abierta. Si sigues este principio al pie de la letra —sobre todo con la gente externa a tu círculo habitual de amistades—, los beneficios que obtendrás siempre acabarán siendo una sorpresa agradable.

QUE NO TE DÉ MIEDO UN CUMPLIDO

No obstante, a veces te encuentras con la situación contraria: es fácil pensar que los parecidos entre tú y los demás son sinónimo de amistad. Recuerda: cuando tu hermana pequeña empieza a llevar el pelo como tú o te roba tu ropa, en realidad te está haciendo un cumplido. Te está diciendo que cree que tú tienes algo que enseñarle; como se suele decir, la imitación es el mayor de los elogios.

Tengo una amiga con un estilazo que me encanta. Combina prendas de ropa de formas que a mí no se me habrían ocurrido nunca. A veces, cuando estoy en una tienda y veo algo que me recuerda a lo que lleva ella, no me lo acabo comprando por miedo a que crea que le estoy copiando el estilo. Pero al final a veces me acabo sintiendo celosa.

Jane, 14 años, Texas

Lo más probable es que la chica a la que admira Jane se sintiera halagada al saber que a Jane le gusta su estilo. Si Jane se lo dijera, en lugar de dejar que ese tema fuera un lastre para su amistad, no solo le habría alegrado el día a su amiga, sino que probablemente esta le habría podido dar algún consejo sobre su estilo. Piensa en lo que contamos en el capítulo 2, la parte sobre el poder de los elogios y hacer sentir im-

portantes a los demás. Uno de los cumplidos más bonitos que puedes dedicarle a una amiga es destacar en qué te gustaría parecerte más a ella. Todo consiste en escuchar y prestar atención, como hemos indicado: hacer un cumplido a alguien le demuestra que estás atenta a sus detalles, y pedirle consejo y escuchar lo que te responda fortalecerá vuestra relación de amistad. Cuando recurres a la ayuda de alguien, no la estás copiando, le estás haciendo un cumplido. Siempre que les des tu propia vuelta a las cosas, al final, ambas partes saldréis ganando.

Existen pocas formas más eficaces de ganarse a otra persona que dejando claro que crees que es genial en algún aspecto. Y que ojalá tú también destacaras en ello. Kassidy, de 17 años, de Des Moines, Iowa, lo entendió cuando se planteó que quería montar un negocio de mariposas, Dream Wings. Le apasionaba la idea de criar mariposas y liberarlas, pero no tenía ni idea de por dónde empezar. Se dio cuenta de que la única oportunidad que tenía para montar ese negocio desde cero era lo que más miedo le daba del mundo: hablar con su competencia potencial sobre unos cuantos aspectos básicos.

Había investigado mucho y había leído un montón de libros, pero sabía que, si lo que quería era montar un negocio rentable, necesitaría un poco de formación práctica. Un día, leí un artículo en el periódico sobre una mujer de la zona que criaba una especie de mariposas, las damas pintadas. Alguien me sugirió que me pusiera en contacto con ella, pero yo no lo veía muy claro. No me imaginaba que alguien que ya trabajaba en ese negocio quisiera ayudar a otra persona a entrar en el mercado, ya que, al final, yo sería competencia para ella. Pero después de varios argumentos convincentes, decidí que tampoco perdía nada por probarlo y la llamé.

Terminé conociendo a la mujer más fantástica del mundo, que se convirtió en mi mentora. El mismo día que la llamé me propuso que quedáramos para charlar un rato. Me enseñó a alimentar a las orugas, a cuidar las crisálidas y a ocuparme de ellas cuando se convirtieran en mariposas. No podría haber sido de más ayuda. Incluso volví a casa con varias orugas y comida para criarlas por mi cuenta. Me dijo que cuando quisiera podía ir a ayudarla a alimentar a las orugas y a hacerle las preguntas que tuviera. Me dejó ayudarla en una boda en la que liberamos unas cuantas mariposas, y en otra ceremonia religiosa; incluso llegó a ser mi primera clienta, comprándome a mí algunas mariposas para otro acto.

Kassidy aprendió lo que Dale Carnegie enseñaba siempre: a todos nos gustan las personas que nos admiran. Al buscar los consejos de esa fantástica mujer y escucharla con atención, Kassidy, sin darse ni cuenta, estaba haciendo el mejor cumplido posible a su mentora: mostrar interés en lo que le podía enseñar. Si lo llevas a tu terreno, no solo les subirás el ego a las personas que te rodean y afianzarás vuestra amistad, sino que además, al mismo tiempo mejorarás tú.

Y algún día quizá alguien se te acerque porque quiera aprender de ti. ¿Te imaginas tener la oportunidad de ayudar a alguien que se siente tan novato como lo fuiste tú algún día? Qué regalo tan increíble le darías: ayudarla a empezar y animarla. Escuchar las necesidades de los demás y actuar en consecuencia, sobre todo si gozas de mayor autoridad o influencia, es algo muy potente. Es el tipo de acción que construye relaciones, refuerza comunidades y hace que el mundo sea mucho mejor.

TE MERECES QUE TE ESCUCHEN

Como en todo, escuchar es una vía de doble sentido. Ahora que ya sabes cómo escuchar bien, podrás distinguir mejor a esas personas que no escuchan demasiado. Recuerda que también tienes que mirar por ti misma y asegurarte de que te escuchan cuando intentas comunicarte con las personas más importantes de tu vida. Eso es aplicable a las relaciones sentimentales y a las amistades más íntimas, que es cuando somos más vulnerables. Cuanto más compartes, y más profundamente conectas, más esenciales se convierten esas habilidades de escucha. Porque cuanto más cercanos a alguien seamos, más fácil es hacernos daño.

Los psicólogos clasifican a las personas que escuchan de dos formas: personas que «escuchan para entender» y personas que «escuchan para responder». Las personas que escuchan para entender se consideran a sí mismas muy satisfechas con sus relaciones interpersonales, lo que no es sorprendente. Dedican más tiempo a intentar entender el problema que a pensar qué dirán ellas después. ¿Alguna vez has estado charlando con alguien con quien querías hablar sobre algo y has acabado desistiendo porque la otra persona ha cambiado de tema y ha empezado a hablar de sus cosas justo cuando tú habías terminado de exponer tu punto de vista? ¿Cómo te has sentido? ¿Crees que la otra persona estaba de verdad escuchando lo que tú decías?

Es una de las partes más difíciles en cualquier relación, y hay muchísimos adultos que no dominan este arte, así que no te preocupes si alguna vez te pasa con tu pareja. Pero es algo que hay que trabajar y mejorar. Y recuerda: siempre deberías buscar el equilibrio en tus relaciones. Si tú eres invariablemente la que escucha y la que se muestra comprensiva, también está bien que te defiendas y que te propongas que te escuchen. Si la otra persona quiere que la relación funcione, tendrá que estar dispuesta a hacer lo mismo.

AUTOEVALUACIÓN

- Hace unos años (seguramente antes de que se implantaran las leyes de privacidad modernas), una empresa de telefonía de Nueva York publicó una lista con las cincuenta palabras más habituales en las conversaciones por teléfono. «Yo» ocupaba el número uno. No me sorprende, la verdad. No somos conscientes de lo mucho que hablamos de nosotros mismos. Es como morderse las uñas: no te das cuenta de que tienes esa mala costumbre hasta que alguien te lo dice e intentas no hacerlo.

- Si quieres mejorar, prueba el siguiente ejercicio para perfeccionar tus habilidades de escucha y de autoconocimiento: en las próximas 24 horas, intenta empezar con «Yo» el mínimo posible de frases. ¡Es muy difícil! Fíjate en el efecto que tiene en tus conversaciones. ¿Crees que ahora haces más preguntas? ¿Hablas menos y escuchas más? ¿Parece como si la gente te respondiera de otro modo?

- Durante la semana que viene, encuentra una excusa para hablar con alguien que conozcas, pero con quien creas que tienes poco *feeling*. Puede ser alguna chica de tu clase, el amigo de un amigo o incluso un hermano. Usando los consejos que has aprendido en este libro para ser mejor oyente, comprueba si puedes encontrar algún interés en común entre tú y esa persona. Empieza por lo más obvio (los deberes de ayer, el amigo que tenéis en común o los padres que tenéis en común) y avanza desde ahí. ¿Has dado con algo? ¿Te han sorprendido vuestros parecidos? Y la siguiente vez que habéis hablado, ¿cómo te has sentido?

- Este ejercicio exige un poco más de valor. Elige a alguien a quien admires. Puede ser cualquiera: la chica de la clase de biología que es una *crack*; tu hermana, que siempre tiene ideas para ganar dinero, o incluso tu madre, que consigue encontrar un equilibrio entre el trabajo y la familia y puede sortear cualquier crisis —mientras que tú estás totalmente superada con los trabajos del insti—. Haz saber a esa otra persona lo mucho que la admiras por algún aspecto concreto, y pídele consejos para parecerte a ella. ¿Cómo ha respondido esa otra persona? ¿Se ha sentido halagada? ¿Has descubierto otro punto de vista?

RESUMEN

La forma más efectiva de llegar a ser la mejor amiga, la mejor pareja o la mejor hija es escuchar con atención lo que la otra persona te diga. Eso significa dejar de lado distracciones, escuchar con todo el cuerpo, hacer preguntas y controlar a tu «yo». Lo bueno es que cuando empiezas a escuchar con más atención no solo aprendes a comunicarte mejor, sino que además encuentras amigos y consejos donde menos te lo esperas.

CAPÍTULO 6

No puedes ganar una pelea

He sido testigo de peleas, me he peleado y he visto
los efectos de miles de peleas. Como consecuencia,
he llegado a la conclusión de que solo hay una forma de
salir ganando de una pelea: evitarla. Evítala, tal y como
evitarías una serpiente de cascabel o un terremoto.

Dale Carnegie

No puedes ganar una pelea. De verdad. Y aunque técnicamente ganes porque tienes razón, seguirás perdiendo. ¿Por qué? Porque aunque consigas que la otra persona levante la bandera blanca porque se ha rendido, en la mayoría de los casos no le habrás hecho cambiar de opinión. Habrás agotado tanto a esa persona que dirá lo que sea para que dejes de hablar. Si te peleas, tus adversarios acabarán convencidos de dos cosas: que no tienes razón y que te odian. Es una victoria vacía, porque, aunque te salgas con la tuya, nunca te ganarás el respeto de la otra persona. Es cierto que tener internet en el bolsillo ha eliminado algunas discusiones triviales —«Quién es el o la artista que ha vendido más discos de la historia» es una discusión que se acaba rápidamente hoy en día (los Beatles, por cierto)—, pero no te ganarás muchos amigos tirando de móvil para demostrarles que se equivocan una y otra vez. Y da igual que seas la persona más lista en clase de geometría; no conseguirás ser muy popular si te ríes cada vez que alguien confunde un hexágono con un rombo. Si presumes de lo brillante que tú eres a expensas de otra persona, no ganarás nada. Simplemente, parecerás una imbécil.

Entonces, ¿se supone que tienes que quedarte sentada sonriendo con amabilidad mientras los demás se equivocan? No, claro que no. Se me ocurren poquísimas situaciones en las que esa sería la mejor opción, y estaríamos hablando de situaciones raras y extrañas. Si sales con alguien, y te invita a pasar el día con su familia, imagínate que su abuela no para de contar cómo sobrevivió durante la guerra vendiendo carbón, aunque la guerra ya había terminado cuando ella empezó a andar. ¿Se lo vas a recordar a la buena mujer? Espero que no, sinceramente. ¿Quién se beneficiaría de tu clase de historia? Podrías fardar de tus conocimientos de historia y de que has aprendido cuatro cosas de matemáticas con los años, pero seguramente avergonzarías a la abuela y parecerías mala persona delante de la familia de tu pareja. De vez en cuando, no pasa nada si dejamos pasar una equivocación en aras de la amabilidad. Ahora bien, si alguien está diciendo que un semáforo en rojo significa que puedes pasar y uno verde que tienes que parar, por favor, corrígele antes de que provoque un accidente. (No hay nadie que confunda esto, ¿verdad?) Como siempre, depende de la situación y de lo que conseguirás si abres la boca. ¡Valóralo tú misma!

AHORRARLE UN MAL RATO A OTRA PERSONA

Hay muchos casos en los que está bien —e incluso es útil— señalar el error de otra persona. Cuando tu hermano pequeño te dice que *Hamlet* fue la mejor película que dirigió Shakespeare o tu amigo insiste en que Houston es la ciudad más poblada de Estados Unidos, corregirlos podría ahorrarles futuras situaciones vergonzosas y evitar que extiendan una información equivocada. Son hechos simples, no opiniones, así que una corrección rápida y fácil no duele demasiado. Tienes que hacerlo sin cargarte su ego. Y confía en mí: si tu profe dice en clase que West Quaddy Head, en Maine, es el punto más occidental de Estados Unidos, puedes sugerir que se está equivocando sin recibir la mirada asesina que Severus Snape le lanzó a Hermione Granger. Lo único que tienes que decir es: «Siento interrumpir, solo para estar segura, ha dicho más occidental y no más oriental, ¿verdad? ¿O lo he oído mal?». Lo más probable es que la profesora diga: «Espera, ¿qué he dicho? Quería decir más al este, evidentemente», y luego siga con su vida y con la clase, sin preocuparse lo más mínimo por su

lapsus. Y lo mejor, todo el mundo escribirá la información correcta en sus apuntes para el próximo examen.

Internet también puede ayudar a suavizar estos pequeños errores factuales. ¿Por qué nos enfrascamos en una disputa acalorada sobre si *Titanic* ganó el Óscar a la mejor película o sobre si Plutón es un planeta si, en cinco segundos, podemos encontrar la respuesta en el móvil? A nadie le gusta que le digan que se equivoca. Usando internet, pocas veces somos nosotros los portadores de malas noticias. Además, es mucho más convincente ver un hecho en una página web fiable que oír decirlo en una discusión. Tómatelo con deportividad y pasa página, aunque estés muy seguro de ti mismo: es una pérdida de tiempo. ¿Quién sabe? Igual descubres que no tenías tanta razón como creías.

Estábamos en el pasillo del instituto y una de mis amigas dijo que quería aprender catalán antes de irse de vacaciones a España en verano. Le grité delante de todo el mundo: «Pero ¿qué dices? En España hablan español, tonta. Por eso se llama España». Y resultó que una profesora pasaba por allí y se nos acercó a decirnos: «De hecho, en Valencia hablan catalán». Quedé como una idiota delante de todo el mundo. Sobre todo, delante de la profe.

Sophia, 16 años, California

Qué atrevida, Sophia. Es el ejemplo perfecto de por qué, si abres la boca, es más probable que metas la pata. La mayoría de las veces no pierdes nada diciendo que no estás cien por cien segura. En vez de meterte con alguien por su ignorancia, y empezando a decir algo como «Quizá tengas razón», conseguirás cuatro cosas fundamentales:

1. **Haces saber a la otra persona que la respetas por su inteligencia. Si no lo hicieras, no te costaría nada desautorizar el comentario por erróneo desde el principio.**

2. **Admites que eres capaz de equivocarte y le das a la otra persona la oportunidad de reconocer lo mismo.**

3. **Dejas espacio de maniobra a los demás. Estarás evitando dos puntos de la famosa tríada (la crítica y la condena), de modo que la otra persona no se sentirá obligada a defenderse contra un ataque a su inteligencia y estará más abierta a reconocer que tú tienes razón.**

4. **Te ahorras humillaciones potenciales. Reconócelo: si empiezas a afirmar que sabes algo seguro, que no tienes la menor duda, ¿no te sentirás fatal cuando descubras que estabas equivocada?**

En realidad, pocos tenemos razón tan a menudo como creemos. Y como decía Dale Carnegie: «Nunca tendrás problemas si admites que te has equivocado. Conseguirás parar la discusión e inspirar a tu rival para que sea tan justo y abierto de miras como tú».

Las cosas se complican un poco más si te pones a discutir sobre algo que no está bien o mal. Yo lo aprendí a las malas —y poniendo en riesgo de paso la amistad con mi mejor amiga—, discutiendo sobre una estupidez como un piano: los musicales. Sin saber cómo, la primera vez que nos conocimos salió el tema y ella comentó que le encantaban. Yo salté de inmediato diciéndole que eran lo más ridículo y cutre del mundo, una pérdida de tiempo. Un pelín extremista, lo sé, y podría haberme evitado todo el problema moderando mis palabras. Luego resultó que no solo le gustaba ver musicales, sino que había estudiado teatro musical durante diez años. ¡Zasca! Cualquiera se habría dado cuenta de que estaba metiendo la pata hasta el fondo, pero yo seguí intentándolo y justificando mi punto de visa. Y ella siguió defendiendo el suyo.

Después de años, literalmente, peleándonos sobre ese tema (lo que a veces provocaba que una de las dos acabara llorando), al final hicimos un pacto: dejar de hablar de musicales. ¿Por qué? Porque nos estábamos peleando sobre una cuestión de gustos: a ella le encantan los musicales y a mí no. Las opiniones de ambas eran válidas y ninguna de las dos tenía razón o estaba equivocada. Lo peor es que la gente suele discutir por ese tipo de cosas. Y como no hay una respuesta correcta ni nada en internet puede respaldar tu punto de vista, ese tipo de disputas pueden alargarse eternamente. Pero no saldrás ganando.

El otro día mi madre y yo fuimos a comprar varias cosas para el inicio del curso. A mí me gustaba mucho una falda, pero ella me decía que no me quedaba demasiado bien. Al decirme eso, yo aún la quería más. Nos peleamos en la misma tienda. Ella incluso intentó que me probara otra falda, pero yo estaba tan enfadada que no quería ni mirarla. Así que volvimos a casa sin comprar nada y las dos de mal humor. Cuando volví a ir a la tienda otro día y me volví a probar la falda, me di cuenta de que no me quedaba tan bien, pero nunca lo reconocí delante de ella.

Tina, 16 años, California

Es increíble la fijación que nos entra con una idea cuando alguien nos dice que no deberíamos pensar eso o que nos equivocamos queriendo aquello. En realidad, cuando alguien empieza a criticarnos, no importa que tenga toda la razón. Lo único que oímos son sus críticas, y ahora ya sabes adónde nos lleva eso. ¿Crees que la escena anterior habría ocurrido si la madre de Tina simplemente hubiera dicho: «Esta falda está bien, pero esta otra te queda mejor»? Es probable que no. Pero al ser incapaz de cambiar de opinión frente a las críticas de su madre, Tina terminó volviendo a casa con las manos vacías y de mala leche. Ninguna de las dos salió ganando.

A estas alturas deberías tener una cosa clara: si notas que te están entrando ganas de discutir, da un paso atrás y deja que la situación se enfríe. ¿Estás reaccionando a las críticas? ¿Existe un punto de acuerdo? ¿La futura discusión gira alrededor de una cuestión de opiniones que no se resolverá nunca? Haz el siguiente test para ver si necesitas poner en práctica el delicado arte de dejar enfriar las situaciones.

NO PUEDES GANAR UNA PELEA

Una amiga tuya y tú estáis navegando por Netflix intentando decidir qué película de Marvel mirar. Y llegáis al debate interminable de *Capitán América* versus *Iron Man*. ¿Qué haces?

a) Acabas con el debate dejando elegir la peli a tu amiga, pero con la promesa de que la próxima vez elegirás tú.

b) Admites que la discusión es una tontería y miráis *Wonder Woman*, que a las dos os encanta.

c) Coges el móvil y extiendes el debate al chat de vuestro grupo de amigas. Seguro que alguien te da la razón.

La persona con la que sales te arrastra a una discusión en los comentarios del último post que ha colgado en Instagram. Alguien ha criticado su foto, y ahora está dolida y reparte contra todo el mundo. ¿Qué haces?

a) Le mandas un DM para saber cómo está. La animas a olvidarse del tema e ignorar a ese *hater*. Parece que le está afectando mucho.

b) Haces ver que no ves el comentario. Mejor no meterse.

c) Te metes de lleno. La situación requiere refuerzos. Además, si alguien critica a la persona con la que sales, es como si te criticara a ti.

Te toca hacer un trabajo de francés con un grupo que, como es habitual, pasa de todo. Cuando propones hacer un trabajo sobre las películas clásicas francesas de los años sesenta, una chica se ríe abiertamente de ti y suelta: «Si ni siquiera hablaban en esas pelis. No creo que nos ayude a mejorar mucho nuestro francés». ¿Qué haces?

a) Respiras hondo y propones otra idea. Si al menos consigues que se interesen en hacer una lluvia de ideas, tendrás un punto de partida.

b) Usas Google para demostrar que las películas mudas sí que se hicieron en los sesenta. Luego eliges algunas fotos de internet para convencer al grupo de lo glamurosas que eran esas películas y demostrarles lo fácil que será encontrar fuentes para el trabajo.

c) Pones los ojos en blanco, insultas a la chica y te marchas. Mejor hacer el trabajo sola que mal acompañada.

Vale, es muy obvio que respondiendo *c* nadie sale ganando, pero ¿alguien se atreve a decir que nunca ha tenido una reacción así? Supongo que no. Y eso es especialmente cierto cuando se abordan temas polémicos como la religión, la política o elecciones personales. Cuesta apartarse de una discusión, pero sí que hay fórmulas para evitar que un desacuerdo se convierta en una interminable batalla campal.

ACEPTA EL DESACUERDO: antes de que digas nada, pregúntate si la persona con la que estás hablando está diciendo algo que no sabías. Recuerda el capítulo 5: todo el mundo tiene algo que enseñar. Podrías rebajar la tensión, sin duda, si reunieras la generosidad de reconocer: «No me lo había planteado así» o, simplemente: «Ya veo por qué eso te podría hacer sentir de esa forma». Aunque no estés convencida de que lo que dice la otra persona esté bien, ser capaz de validar su derecho a tener una opinión o ver cómo ha llegado a esa conclusión puede servir para rebajar la tensión. Una persona lista, segura de sí misma, no se siente amenazada por las ideas nuevas; ¡acepta la oportunidad de aprender!

CUESTIÓNATE TUS INSTINTOS: si te enfrentas a la crítica-condena-queja, lo más natural es querer defenderte. Pero si te tomas el tiempo de cuestionar tu primera reacción a la objeción de alguien, igual descubres que tu impulso era actuar más por defensa propia que por que tuvieras razón.

ESCUCHA: aunque estés a punto de explotar y lanzar tu contraataque, siempre tienes que dejar que la persona con la que hablas diga lo que tenga que decir. No la interrumpas, y hazle saber que estás escuchado de verdad lo que te cuenta.

BUSCA PUNTOS EN COMÚN: a ti la caza te parece horrible, pero para tu tío la felicidad es comerse un conejo que haya cazado en el bosque. Busca algo en lo que estéis de acuerdo, como vuestro amor mutuo por la naturaleza. Te servirá para recordar que, aunque no estéis de acuerdo en algo, eso no os convierte en polos opuestos.

USA ESOS PUNTOS EN COMÚN PARA RECLAMAR TUS DERECHOS: empieza repitiendo algo que haya dicho tu oponente con lo que estés de acuerdo. Tu tío apreciará oír lo mucho que respetas el ecologismo de los cazadores, aunque sigas diciendo que lo que a ti te preocupa es que

INTERESES COMUNES

ese deporte daña la biodiversidad. Así, le harás saber que estás escuchando lo que te ha dicho y lo animarás a hacer lo mismo.

SÉ SINCERA: si de repente te das cuenta de que la otra persona tiene razón, ¡admítelo! No dejes que tu orgullo te lleve a una situación comprometida.

CONSÚLTALO CON LA ALMOHADA: si te parece que la discusión gira todo el rato sobre lo mismo —o que está convirtiéndose en una batalla de gritos—, para un momento. Comprométete a pensar en lo que la persona acaba de decir, y hazlo. Su punto de vista puede parecer menos ridículo después de haberte concedido la oportunidad de planteártelo sin tener que defenderte todo el rato.

Aunque al final tu oponente y tú estéis de acuerdo en que no estáis de acuerdo, seguir estos consejos garantizará que vuestra relación no se vea resentida. Sirven para mostrar el respeto que tienes por el punto de vista de la otra persona, lo que puede ser suficiente para poner fin a una pelea.

En los últimos meses, he estado planteándome hacerme vegetariana. No tenía muchos motivos sólidos, solo quería ver cómo sería. Pero mi madre se mostró completamente en contra y discutimos durante días. De repente, me di cuenta de que estaba buscando excusas en todas partes y usando razones para justificarme que ni yo misma me creía, solo porque no quería reconocer que mi madre tenía razón. Y ella seguía rebatiendo mis puntos de vista. Pero cuando al final le conté el verdadero motivo —que no tenía ningún motivo, que solo quería probarlo—, ella se mostró mucho más comprensiva y llegamos a un acuerdo. Ella me dejaría probarlo en verano, cuando no tuviera tanto trabajo.

Y, al final, acabó siendo una situación *win-win*, pero mientras discutíamos a mí me daba la impresión de que mi madre no me estaba escuchando y que no hacía más que repetir los mismos argumentos una y otra vez. («No voy a preparar dos cenas distintas, no tengo tiempo para eso.») A mí me frustraba y me cabreaba un montón, lo que me llevaba a decir cosas que no pensaba. Y entonces ella se enfadaba más. Creo que nuestro acuerdo fue la mejor solución, y al final es una solución con la que las dos estamos contentas.

Jessie, 17 años, Pensilvania

Jessie no estaba segura de querer ser vegetariana, pero tampoco quería que su madre le dijera que se equivocaba al planteárselo. Y si nos ponemos en la piel de la madre de Jessie, probablemente pensemos que las justificaciones iniciales de Jessie para dejar de comer carne sonaban a crítica. Al dar un paso atrás, tragarse su orgullo y admitir que quizá se equivocaba, pero que, con todo, quería seguir probándolo, Jessie rebajó la tensión entre su madre y ella, y a partir de ese momento ambas pudieron llegar a un acuerdo.

No hay nada más eficaz para frenar una discusión que ponerse de acuerdo con la otra persona. En algunas ocasiones, igual también querrás hacerlo aunque no estés del todo de acuerdo con ella. ¿Por qué? Porque cuando te pones de acuerdo en las cosas de menor importancia, dejas de enredarte en las diferencias triviales y te puedes centrar en lo que es importante.

Mi novia y yo intentábamos decidir dónde ir a cenar con nuestros amigos antes de la fiesta de final de curso. Yo sugerí un restaurante italiano, y ella me dijo que era la peor idea del mundo. Que todos oleríamos a ajo y que no le gustaba la pasta. Fue una estupidez. Discutimos tanto rato que nos olvidamos de por qué habíamos empezado a pelearnos. En un momento dado, ella me dijo que no quería ir a la fiesta conmigo. Al final, dejamos que fuera otra pareja la que decidiera. Lo divertido fue que acabaron eligiendo el mismo sitio que yo había propuesto.

Brian, 17 años, Georgia

Todos somos culpables de dejarnos llevar por un calentón de vez en cuando. Pero imagínate lo que se podrían haber ahorrado Brian y su novia si hubieran tenido claro su objetivo y frenado la discusión antes de empezar. Ella podría haber dicho algo como: «Un italiano está bien, pero yo estaba pensando en cenar *sushi*. Será divertido y no nos entrará tanta modorra como si nos comemos un plato de pasta gigante». Ninguna palabra hiriente, pero consigues tu objetivo. Sin caer en la tríada crítica-condena-queja, habría evitado que Brian se pusiera a la defensiva y podría haberse ahorrado una pelea sobre los pros y contras de un italiano. El hecho de que ella terminara exactamente donde no quería demuestra que no podemos ganar una pelea.

Pongamos, por ejemplo, que estás saliendo con alguien a quien le encanta ir a pescar. Suponiendo que no quisieras ir, podrías entrar a discutir sobre lo asqueroso que es ir a pescar y tocar gusanos, y argumentar que jamás cebarás un anzuelo. Si lo que querías era ir de excursión por la montaña, ¿por qué entras en los pros y contras de ir a pescar y te arriesgas a parecer muy crítica con el *hobby* de tu pareja? Podrías probar con este otro enfoque: «Pensaba que este fin de semana podíamos ir de excursión a la montaña. Mi hermano descubrió un camino hace poco y me dijo que era superchulo, y pasa muy cerca de un río. ¿Qué te parece?». Empezando de una forma relajada, positiva, en vez de actuar como si estuvieras indignada, es más fácil que evites una discusión interminable y quizá incluso consigas ir a pasear por la montaña en lugar de ir a pescar. También podrías limitarte a decirle: «A mí pescar no me gusta mucho, pero el plan de pasar el día al aire libre sí que me apetece. ¿Qué te parece si hacemos una excursión?».

Asimismo, supongamos que tu mejor amiga quiere entrar en el grupo de animadoras, pero a ti la idea de mover unos pompones en minifalda te parece terrible. Se lo podrías decir tal cual, pero ¿qué conseguirías? Lo más seguro es que ella se sentiría herida, porque tus palabras serían una crítica a algo que a ella le gusta. Si quieres evitarte tanto las pruebas para ser animadora como insultar a tu amiga, lo mejor que podrías hacer es centrarte en su punto de vista. Prueba con algo como: «Creo que a mí no me va mucho el tema. Ya sabes que no sé hacer la rueda y que las faldas no son mi estilo. Pero creo que tú sí que serías una fantástica animadora; me parece genial que lo pruebes. Si necesitas un público constructivo para ensayar, dímelo, porque me encantaría ayudarte». Así, podrías apoyar a tu amiga sin imponerle tus valores.

A veces, convertir una discusión en una situación beneficiosa para todas las partes requiere reconocer que estabas equivocada. Si tus padres quieren castigarte todo el fin de semana sin salir después de que hayas cogido el coche (sin su permiso) para ir a comprarte algo de merendar, es probable que no les hagas cambiar de opinión indicándoles que están exagerando. Más importante aún: saben que hace semanas que esperas que llegue el sábado para ir a una fiesta, de modo que el castigo de no salir te parece cruel y exagerado. Evidentemente, cuando ellos necesitan algo del súper sí que confían en ti y te dejan el coche, pero cuando eres tú la que lo necesitas, de repente te tratan como si tuvieras dos años. ¿Crees que soltarles todo eso hará que te dejen ir a la fiesta del sábado? Mmm..., no. Lo más probable es que no.

Una estrategia mejor: dales la razón a tus padres y pídeles que te perdonen. «Tenéis razón. Debería haberos pedido permiso antes de coger el coche. Entiendo que estéis enfadados. La he cagado. Pero, por favor, ¿me dejáis ir a la fiesta del sábado? Kaye y yo hace semanas que la esperamos, nos hemos gastado dinero en ropa nueva y me matará si no voy con ella. ¿Podríais castigarme sin salir los próximos dos fines de semana y así puedo cumplir mi promesa a Kaye para ir juntas a la fiesta?».

Reconociendo que te has equivocado, evitas lo que podrían ser horas de una discusión interminable sobre la gravedad de lo que has hecho —lo que, indudablemente, provocaría que tus padres aún tuvieran más ganas de castigarte—. Al admitir desde el principio que te has equivocado, rebajas la tensión y allanas el terreno para una discusión, negociación y compromiso.

Si no eres capaz de mostrarle a alguien este tipo de respeto, la discusión puede terminar con el efecto contrario al previsto. Cuanto más te metas con la elección de alguien, más ganas tendrá esa persona de defenderse. A nadie le gusta oír que se ha equivocado, sobre todo en cuestiones básicas como la identidad, la ropa que lleva, la música que escucha, los amigos que tiene o la gente con la que sale. Lograrás resultados mucho mejores si consigues que vuestras desavenencias se centren solo en el tema que tenéis entre manos y evitas amenazar el concepto que la otra persona tiene sobre sí misma. Si puedes respetarla por ser quien es y por las decisiones que toma, estarás en una posición mucho mejor para tener una discusión que termine en algo productivo. Consejo final: si no puedes ser respetuosa, a veces no vale la pena ni empezar a discutir.

HAZ LAS PREGUNTAS ADECUADAS

Una de las mejores maneras de ayudar a alguien a ahorrarse un mal rato es conseguir que llegue a la conclusión por sí solo de que se ha equivocado. A menudo, cuando de entrada alguien nos dice algo con lo que no estamos de acuerdo, nuestra primera reacción es hacer una valoración. Pensamos: «Ah, se equivoca», o bien nos decimos que eso es muy raro que o eso no está bien, en lugar de intentar ver de dónde ha sacado esa idea la otra persona. Haciendo cuatro preguntas sencillas, podemos darle la oportunidad de explicarse o de admitir que tiene que volver al punto de partida.

Por ejemplo, imaginemos que de un día para otro tu mejor amiga quiere volver con un ex que la había tratado muy mal. Le podrías decir: «Pero si ese tío es un desastre, un sinvergüenza», aunque ya debes saber que meterte con tu amiga no servirá de nada. En cambio, por qué no le preguntas cuatro cosas básicas y escuchas de verdad sus respuestas, como: «¿Te gustaba cómo te trataba cuando salíais juntos? ¿Cómo terminó la relación la última vez? ¿Crees que sería diferente ahora? ¿Por qué?». Podría llegar a darse cuenta ella sola de que debería pensárselo un poco más antes de lanzarse a esa relación.

Lo mismo podría pasar si, de golpe, tu hermano decide dejar la música después de haberse montado la vida alrededor de la música y de recibir una beca para aprender a tocar un instrumento. Podrías decirle directamente que es una pésima idea y que está dejando escapar una oportunidad, o podrías ayudarlo a pensárselo bien. «¿Te ha pasado algo que te haya hecho cambiar de opinión? ¿Te sigue gustando tocar? ¿Cómo crees que te sentirás dentro de cinco años si no vuelves a tocar más tu instrumento?».

Podrías descubrir que le ha pasado algo gordo, y al preguntar por su reacción, podrías conseguir que tu hermano no dejara algo que le apasiona, y ayudarlo y escucharlo cuando más lo necesita. Unas cuantas preguntas y una mente abierta pueden marcar una gran diferencia. Te ahorrarás una discusión, ayudarás a un amigo a que no tome una decisión equivocada y fortalecerás vuestra relación: tres en uno.

NO LEAS LOS COMENTARIOS

¿Se te ocurre algún sitio en el que se puedan producir más discusiones interminables que en internet? Ya sabes por qué es así: la gente, en la red, se siente anónima o más alejada de la persona a la que está atacando porque no la mira a la cara, puede ser que ni siquiera la conozca en persona. Pero ¿cómo podemos evitarnos un drama por internet? Por suerte, podemos aplicar la misma táctica. Puedes pensar qué quieres decir a través de la misma mirada que se ha sugerido en este capítulo, pero teniendo en cuenta unos cuantos consejos más:

NO LEAS LOS COMENTARIOS. Lo hemos oído mil veces, pero nos da cierto morbo indignarnos al leer las aportaciones totalmente fuera de lugar de la gente sobre el tema del día, sea cual sea. Resulta casi divertido enfadarse por lo equivocada que está la gente. Pero cuando se reduce a eso, ¿vale la pena

tanta energía negativa? Algunas comunidades tienen moderadores sensatos y aplican buenos controles, y en ese caso sí que puedes leer esos comentarios, participar y disfrutar. Pero hay muchos rincones de internet que no tienen moderador o que, si lo tienen, no modera nada, y eres tú quien debe elegir si el abanico de malo a bueno te vale. Recuerda que no estás obligada a implicarte, y que nada debería frenarte para decir: «Hoy no tengo energía para esto», y seguir con el resto. Vigila tu bienestar mental y cuídate.

¿DEBERÍAS ALIMENTAR A LOS TROLES? El sentido común dicta que deberías ignorar a los troles que te encuentres por las redes porque no son más que personas que buscan llamar la atención y que, si no se la das, se marcharán a otro lado. Eso es así en muchos casos y lo demuestran varios estudios: tú estás volcando toda tu energía en un sistema de negatividad y para el trol es como una recompensa. Con todo, parte del problema de esa actitud es que pasa la presión a la persona que se siente amenazada. Otro es que este tipo de trol que tira la toalla tan fácilmente no es el único tipo de imbécil que puedes encontrarte por internet. Algunos en realidad están ahí para acosar a la gente en las redes sociales, mandar amenazas, asustar o incluso para incitar a la violencia. Les suele ocurrir con más frecuencia a mujeres, personas del colectivo LGTBQIA+, gente de razas minoritarias y de comunidades marginales, y es un problema real. En esos casos, no existe una solución fácil, pero puedes luchar contra ese problema sin implicarte directamente: eliminando los comentarios si está en tu mano, informando o marcando, bloqueando, etcétera. Si el acoso en línea no cesa, sino todo lo contrario, no dudes en contárselo a alguien, y en comprobar entre tus amigos si están acosando a alguien más.

MANTÉN DISCUSIONES REALES. La mayoría de la gente que se enzarza en peleas en internet no busca discutir de forma razonada, atendiendo a los matices. Pero si lo que intentas es decirle a alguien algo legítimo, puedes seguir los mismos consejos de este capítulo: en vez de coger las armas y avivar el fuego, puedes plantearte si puedes llevar la discusión a un terreno más sensato. Respondiendo a un ataque de forma agresiva puedes sentirte bien a corto plazo, pero solo hasta que la otra persona responda con algo aún peor. Eso no quiere decir que tengas que ser «amable» con gente que haga comentarios racistas ni cosas por el estilo, sino que si tu objetivo es hacer cambiar de opinión a alguien de forma legítima, tienes las estrategias que necesitas para conseguirlo.

LÉELO EN VOZ ALTA. Para ayudarte a combatir lo mucho que te afecta el anonimato de internet, lee tus respuestas en voz alta antes de mandarlas. Al oír esas mismas palabras en el mundo real tu perspectiva puede cambiar y te podría servir para decir las cosas de formas distintas. (Consejo que no tiene ninguna relación: este consejo también sirve para los trabajos escritos del instituto).

ACTIVA LA FUNCIÓN «DESHACER ENVÍO». Si tu cuenta de correo electrónico tiene la opción de «deshacer envío», actívala. La mayoría solo ofrecen unos treinta segundos para que te repienses tu respuesta, pero a mí me ha salvado muchas veces. Tiempo suficiente para pensar: «Oh, quizá he sido muy borde con mi profe en este correo y me traerá problemas». Deshacer.

CIERRA LA SESIÓN. Y punto. Parece una obligación real tener que leerse todos los mensajes, dar *like* a todas las fotos o hacer comentarios, pero si todo ello empieza a afectarte a tu salud mental, tómate un descanso. Si necesitas ayuda para no estar comprobando los mensajes de manera compulsiva, prueba a cerrar la sesión de la cuenta para que tengas que dar un paso más para volver a entrar cada vez que abras la aplicación. Es un pequeño gesto, pero sorprendentemente eficaz. También puedes plantearte desinstalar durante un par de días la aplicación. No tiene por qué ser para siempre, pero sí el tiempo suficiente para eliminar la tentación y marcar un poco de distancia. Cuídate.

AUTOEVALUACIÓN

- Recuerda tu última pelea. ¿Cómo empezó? ¿Acusaste a alguien de equivocarse, o fue al revés? En retrospectiva, ¿crees que la otra persona podría tener parte de razón, o que se podría haber puesto a la defensiva por algo que le dijiste? ¿Ganaste algo diciéndole que se equivocaba? ¿Qué perdiste, si perdiste algo? Si tuvieras que hacerlo otra vez, ¿se te ocurre algo que podrías haber dicho o hecho para frenar la pelea o negociar un final más feliz para ambas partes?

- La próxima vez que notes que te sulfuras y que tienes ganas de atacar a alguien, para y pregúntate si te estás planteando la situación desde el punto de vista de la otra persona. Intenta hacer preguntas para que tú —y el otro— te hagas una mejor idea de los motivos que tiene. ¿La otra persona se ha pasado a tu forma de pensar? ¿O sus motivos te han convencido a ti? Y recuerda aplicar estos consejos también a tu vida *online*, sin dejar de vigilar tu salud mental y dando un paso atrás cuando lo necesites.

RESUMEN

Muchas veces nuestras discusiones tienen más que ver con el orgullo dañado que con resolver un problema, y si dejamos que el orgullo dirija nuestra vida, nadie saldrá ganando. Pero si encontramos puntos en común, puntos de acuerdo, y hacemos preguntas para que tanto nosotros como la otra persona lleguemos a entender mejor la situación, en la mayoría de los casos evitaremos una pelea y dejaremos abierta la posibilidad de discutir y llegar a un compromiso. Ahórrate la negatividad que acompaña siempre a una pelea y, en lugar de eso, usa esa oportunidad para consolidar tus relaciones.

Admite tus errores

~~~~~~

Cualquier tonto puede tratar de defender sus errores,
de hecho, es lo que hacen todos los tontos, pero admitir
los propios errores nos eleva por encima de los demás
y nos da un sentimiento de nobleza y exaltación.

Dale Carnegie

~~~~~~

Todos metemos la pata alguna vez. Nos olvidamos de una cita, o
vamos a clase sin haber hecho un trabajo o tropezamos y nos cae-
mos en el comedor del insti. Forma parte de la esencia del ser
humano meter la pata hasta el fondo de vez en cuando, y cometer
errores es una parte (a veces dolorosa) del proceso de aprendizaje.
Lo que importa es cómo afrontamos nuestros errores. Incluso Dale
Carnegie —el tipo que parecía saberlo todo sobre cómo se hacen las
cosas bien— cometió equivocaciones. Vivía al lado de un maravilloso
parque frondoso, adonde llevaba a pasear a su bulldog. Parece una
actividad inofensiva, ¿verdad? Un problema: los perros en ese parque
debían ir con correa. Él también lo sabía —en alguna ocasión lo había
pillado un policía y le había advertido muy seriamente que tenía que
llevar atado a Rex—, pero Dale Carnegie estaba convencido de que su

perro nunca haría daño a nadie y él consideraba que esa norma era una estupidez, así que seguía llevando a Rex sin correa. Evidentemente, volvió a cruzarse con el mismo poli.

Pero, como era Dale Carnegie, afrontó la situación de una forma superinteligente. Le dijo que lo sentía, antes de que el poli tuviera la oportunidad de leerle la normativa. Admitió que sabía que era ilegal, que no tenía ninguna excusa y que entendía que lo multara. ¿Qué ocurrió? El policía lo miró primero a él y luego a su precioso perro y le dijo: «Bueno, igual si pasea con su perro por el otro lado de esa colina, donde yo no los pueda ver, podemos fingir que esto nunca ha ocurrido». ¿Por qué? Porque del mismo modo que dar la razón a alguien puede frenar una pelea, reconocer delante de una persona que nos hemos equivocado puede alejar su necesidad de hacérnoslo saber. (Y si alguna vez has discutido con un policía, sabrás que no dudan en demostrarte que has infringido una norma poniéndote una multa o con algo peor). En palabras de Dale Carnegie: «Las probabilidades de que el otro adopte una actitud generosa, flexible, y de que tus errores queden minimizados aumentan un cien por cien».

Imagínate lo diferente que se tomaría tu madre que admitieras que has estropeado su jersey favorito antes de que ella lo descubriera. Enséñaselo y dile algo como: «Lo siento mucho, pero se me ha caído el café en tu jersey favorito.

Sé que debería haber ido con más cuidado, pero te prometo que ahorraré y te compraré uno nuevo». Así es más probable que te entienda y que te perdone. Pero si una noche ella tiene pensado ponérselo y descubre que estropeaste su jersey, después de haberte pedido mil veces que se lo devolvieras, prepárate para su cabreo.

Lo mismo pasa si te olvidas de llamar a tu mejor amiga para felicitarla el día de su cumpleaños. Podrías sentirte tan culpable que de lo último que tienes ganas es de hablar con ella, pero tendrás que encontrarlas donde sea. Si dejas que tu culpabilidad y su enfado se cronifiquen, la situación aún empeorará más. Preséntate en su casa con su comida preferida y dile: «Siento muchísimo no haberte llamado ayer. Entiendo que estés enfadada conmigo, pero quería asegurarme de que hoy podía felicitarte al menos». Lo más probable es que te perdone y se olvide de todo... y se coma esos cruasanes que le has llevado. En cambio, recitar una lista de excusas —o fingir que no sabías nada— no funciona; quedarás como una falsa y darás la impresión a tu amiga de que vuestra amistad no es una prioridad para ti.

EVITA EL JUEGO DE LA CULPA

A veces, no tenemos la posibilidad de reconocer nuestros errores antes de que otra persona nos los señale. Si eso ocurre porque tú no sabías que te habías equivocado, pase, no podías hacer nada, y tendrás que solucionarlo a partir de ese momento. Pero si estás intentando escaquearte, sin aceptar la responsabilidad de lo que has hecho, tendrás que replantearte tu conducta.

Da miedo responsabilizarte por completo de un error, sobre todo si alguien que te importa se enfrenta a ti. Puede parecer que estás a punto de perder a una amiga, o al menos de perder tu prestigio frente a esa amiga... para siempre. Por eso es natural que el primer instinto sea tranquilizar a la persona a quien hemos herido asegurándole que seguimos siendo la buena amiga/hija/hermana/novia que conocen y quieren; lo único que pasa es que esta vez por alguna circunstancia loca hemos actuado de un modo que no suele ser el habitual. Pero echarle la culpa a la posición de los planetas o a otra persona que no está allí para defenderse no hará que la persona herida deje de estar molesta con nosotras. No solo parecerá que estamos intentando salir de rositas, sino que, si no nos responsabilizamos del error desde el principio, no tranquilizaremos a nadie respecto a que el problema no se volverá a repetir.

Fíjate en el ejemplo de la actriz de *Stranger Things* Winona Ryder. Cuando la pillaron saliendo de la tienda Saks Fifth Avenue en Beverly Hills con un montón de objetos valorados en más de 5.500 dólares escondidos en su bolso sin haberlos pagado, ella insistió en que no estaba robando, sino que estaba ensayando para un papel. ¿Crees que eso persuadió al juez para que dijera: «Ah, vale, en ese caso, no pasa nada»? Ni hablar. La criticaron durante semanas en todos los periódicos y revistas y fue condenada por un delito de robo mayor (que luego quedó reducido a un delito menor), básicamente porque la actriz no dejó de dar excusas y no supo pedir perdón. El juez le dijo: «Lo que más me preocupa es el hecho de que usted no sea capaz o, para ser más exactos, se haya negado a aceptar su responsabilidad en lo sucedido».

Su intento de esquivar la culpa hizo que el juez se planteara lo siguiente: «Si Winona Ryder no puede admitir que ha robado, y que robar es un delito serio, ¿qué garantía tengo de que no volverá a las andadas un minuto después de que la deje libre?». Y eso explica, seguramente, por qué la obligación de ir a terapia formó parte del castigo. Lo has oído un millón de veces: necesitaba pensar en lo que había hecho.

Pero no hace falta que seas actriz para saber cómo actuar para argumentar que algo no ha sido culpa tuya. Todos nos hemos sentido empujados, arrastrados u obligados por fuerzas externas a dar excusas como «No corría, esquivaba el tráfico», «Copié porque no tuve suficiente tiempo para estudiar» o (la peor de todas) «Mentí porque sabía que te enfadarías conmigo si te decía la verdad». Todas esas frases pueden contener una pizca de verdad, pero en el fondo eres tú y solo tú la única responsable de tus actos.

El otro día estaba en el pasillo del instituto y vi que dos chicos más mayores se estaban metiendo con mi amiga Belle. Se burlaban de ella por estar gorda, y ella estaba a punto de llorar. Cuando me encontré con Belle más tarde, le dije que había querido hacer algo por ella, pero que tenía miedo de que, si lo hacía, la próxima vez se metieran conmigo.

Erica, 13 años, Colorado

Buf. Dudo que Belle se sintiera mejor después de oír que Erica ni la había defendido —ni tan siquiera había ido a avisar a algún profe— porque le daba miedo acabar como Belle. Sinceramente, Belle tendría toda la razón del mundo para estar enfadada con Erica.

Una excusa nunca conseguirá que otra persona se sienta mejor, o sea que no hace falta que pierdas el tiempo intentando encontrar una. Si quieres que la gente siga confiando en ti y respetándote, admite que te has equivocado. Y eso es válido tanto para grandes ofensas —robar en una tienda, hacer campana, emborracharse o engañar a tu pareja— como para otras menores, como dejar colgada a una amiga o no hacer las tareas de casa. Por mucho miedo que te dé, decir «Me equivoqué y lo siento» es el primer paso hacia la solución, y la mejor forma de conseguir que la situación no empeore.

EL ABECÉ DE LAS DISCULPAS

Ahora ya sabes que reconocer un error es muy importante, pero ¿cómo hay que hacerlo? Mandar un correo, un DM o un sms está bien si la otra persona está demasiado enfadada como para escucharte, pero no hay nada que supere una conversación en vivo en la que puedas demostrar que realmente quieres hacer las cosas mejor. Cuando estés preparada, sigue las normas siguientes para evitar que la autoprotección impida que se manifieste lo mejor de ti:

1. ESCUCHA CON ATENCIÓN. Si ya estás con el agua hasta el cuello, saca tus mejores dotes de oyen-

te. No interrumpas ni discutas con la otra persona; deja que se desahogue. Cuando esté preparada para escucharte, encuentra el momento para pedirle perdón en persona.

2. PON NOMBRE A TU ERROR. Empieza diciendo exactamente en qué te has equivocado. ¿Se te ha escapado delante de todas sus amigas que tu hermana se hizo pipí en la cama hasta los diez años? Sáltate la parte de por qué se lo has contado. Ignorar lo que has hecho no es disculparse. Empieza por: «No tendría que haberlo dicho; entiendo que estés enfadada conmigo». Para que una disculpa sea eficaz, tienes que hacerle saber a la otra persona que sabes que lo que has dicho o hecho está mal.

3. RESPONSABILÍZATE. Si tu disculpa incluye las palabras «si» o «pero», no te estás responsabilizando de tu error. Al decir «Siento mucho haberte dejado plantada ayer, pero Matt se presentó en casa hecho polvo...», o peor aún «Siento mucho si estás enfadada porque ayer no vine, pero...», no te estás disculpando de verdad. Estás acusando a la otra persona de ser hipersensible, diciéndole, básicamente: «Siento mucho si te he hecho daño», cuando sabes muy bien que le has hecho daño, porque, si no, no estaríais hablando de eso. Si quieres tranquilizar a tu amiga por lo que ha ocurrido (o por lo que has hecho), tendrás que empezar validando sus sentimientos heridos. Y eso solo se puede conseguir reconociendo la culpa.

4. EXPRESA ARREPENTIMIENTO. «Vale, te he dejado plantada; ¡mátame!» no es una disculpa; es una forma de minimizar los sentimientos de la otra persona. Tienes que expresar de verdad que estás arrepentida por lo que ha provocado tu error. Puedes decir algo como «Sé que me estabas esperando, y siento no haberte ni llamado. Lo siento mucho, de verdad». Es una forma de hacerle saber a la otra persona que eres consciente de lo que ha pasado y que quieres mejorar la situación.

5. PROMETE REMEDIARLO. Tu disculpa no servirá de nada si no te propones hacer un esfuerzo real para no repetir ese error. La otra persona querrá asegurarse de que puede confiar en ti (lo que pasa por responsabilizarse de los hechos primero). Puede resultar muy útil decir una frase como «Sé que lo que hice no estuvo bien e intentaré con todas mis fuerzas no volverlo a hacer». Y, además de decirlo, tienes que creértelo. No puedes decirles a tus padres que sientes haber llegado a casa más tarde de la hora pactada, enseñarles que te has puesto una alarma en el móvil para que no te vuelva a pasar y el siguiente sábado volver a casa dos horas más tarde de lo previsto. Tu credibilidad quedará por los suelos, y es difícil que acepten tus futuras disculpas. ¿Por qué deberían creerte?

6. INTENTA RECOMPENSARLO. Siempre que puedas, busca formas de deshacer el daño que has causado. No se trata de comprar a alguien para volver a gustarle, sino de hacerle saber que te importa de verdad y que lamentas mucho lo que has hecho. Si has dejado plantada a una amiga, ¿por qué no hacéis planes para dedicarle un día entero saliendo o haciendo algo que os guste? Eso le demostrará que vuestra amistad te importa. Y si tu padre está enfadado porque le has devuelto el coche con el suelo lleno de envases vacíos de refrescos, ofrécete a limpiarlo por dentro y por fuera al día siguiente, y así no pensará que das por hecho que puedes disfrutar del coche cuando quieras. Pero no debes sobrepasarte con este punto: si es una ofensa menor, como decirle a tu novio que sus bromas no son divertidas, decirle que lo sientes debería bastar. No tienes que comprarle una cazadora nueva o invitarlo a cenar durante una semana para compensar tu metedura de pata, y él no debería sentir que es necesario que lo hagas.

¿QUÉ HACER SI NO ACEPTAN TUS DISCULPAS?

Por desgracia, incluso las disculpas más sinceras y elocuentes pueden ser rechazadas si la persona que se ha sentido herida todavía está demasiado enfadada como para perdonarte, y mucho menos como para olvidarse de todo. Si la otra persona rechaza tus disculpas bienintencionadas —o no reconoce tu esfuerzo por disculparte—, quizá lo que necesite sea dejar enfriar la situación. Dale un par de semanas y vuelve a intentarlo. Tu persistencia le demostrará que arreglar las cosas es una prioridad para ti. Si se te vuelve a quitar de encima, igual tienes que aceptar que esa persona dejará de formar parte de tu vida, al menos hasta que se le pase el disgusto. Son las consecuencias de meter la pata hasta el fondo.

El hecho es que no podemos controlar cómo recibirán los demás nuestras disculpas; por eso, al disculparte, tu objetivo nunca debería ser ganarte el perdón. Es genial si la situación se resuelve así, pero una disculpa puede tener éxito incluso aunque la relación no quede del todo restablecida. Una disculpa real consiste en comunicar con sinceridad que sabes que te has equivocado y que lo sientes mucho, no en calmar a alguien que está enfadado.

Muy a menudo reconocer que sentimos haber metido la pata es simplemente una reacción instintiva, pero pedir perdón a alguien a quien hemos herido en lo más hondo no debería ser igual que pedir perdón por haberle tirado una bebida encima. Ese momento rápido de «Ah, lo siento, déjame limpiarlo» es muy adecuado para el segundo caso. Pero si has insultado a tu mejor amigo (intencionadamente o no), intentar salir del paso con un rápido «Ups, lo siento» no funcionará. Te estarás quedando a medio camino con una disculpa así; sabes que lo has ofendido y que no tendrías que haber dicho eso, pero no estás valorando el daño que le has hecho a tu amigo.

Igual que puede resultar duro admitir nuestros errores delante de los demás, puede ser aún más difícil admitirlos para nosotros mismos. Pero todos metemos la pata alguna vez. Todos tenemos defectos. Y todos hacemos y decimos cosas que pueden ser insensibles o herir a los demás. A menos que veamos nuestros errores, nunca podremos evitar repetirlos una y otra vez.

Por eso, si nos disculpamos de forma sincera, aunque nuestras disculpas no sean aceptadas, nos sentiremos mejor. No se trata de hablar por hablar para que alguien deje de estar enfadado con nosotros; hay que aprender de nuestros errores. Y aún más importante: demostrar a la gente —no solo a la persona con la que te has enfadado, sino a todas las presentes— que eres una persona que está dispuesta a responsabilizarse de sus acciones.

RECIBIR DISCULPAS

¿Alguna vez has salido con alguien o has tenido alguna amiga con la que parece que siempre tengas que estar disculpándote por todo? Cuidado: podría ser una señal de alarma. Es una técnica de manipulación habitual que usa la gente —consciente o inconscientemente— para tener la sartén por el mango. Si la otra persona es un hombre cis, vale la pena destacar la dinámica de poder a nivel de la sociedad, ya que nuestra sociedad ha condicionado a mujeres y personas de grupos marginales a sentir que tienen que disculparse más a menudo y no armar jaleo. Si parece que eres la única que tiene que pedir perdón, estás en una relación desigual.

Tampoco deberías arrastrarte ni suplicar que acepten tus disculpas. Ya hemos comentado antes que el perdón no lo podemos dar por sentado, pero si alguien sostiene ese perdón por encima de tu cabeza, como si tuvieras que saltar para conseguirlo, eso tampoco está bien. Te mereces que te pidan disculpas también a ti, y que se respeten y se tengan en cuenta tus disculpas, no que se usen como moneda de cambio.

Si alguien te pide perdón a ti, para y piensa un momento antes de responder «Vale, no pasa nada». ¿De verdad te vale? ¿Las disculpas se referían a las cosas que te han molestado o tienes algo más que decir? De nuevo, no dejes que el mensaje de la sociedad de que no debes causar problemas te haga aceptar algo que no te mereces. No pasa nada si dices: «Aún no se me ha pasado, necesito más tiempo, pero gracias por pedirme perdón». Eso es más honesto que decir «Vale, no pasa nada» y quedarse callada; además, la otra persona agradecerá saber cuál es la situación.

ADMITIR TUS LIMITACIONES

Por irónico que parezca, cuando intentamos hacerlo todo bien, por lo general, que terminamos haciendo algo mal. Cuantos más malabares hagas, más probable es que se te caiga algo. Y si te pareces, aunque sea un poco, a las chicas con las que he hablado para elaborar este libro, es probable que estés rozando el límite de la cordura al intentar llegar a todo lo que quieres hacer. Esperas que el millón de actividades que haces te sirvan para entrar en la universidad que has elegido, así que te pasas horas jugando en el equipo de fútbol, te presentas al consejo de estudiantes y haces voluntariado mil tardes en la protectora de animales del barrio. Y, a la vez, encuentras tiempo para hacer tus tareas en casa, cenar con la familia siempre que puedes, tener un trabajo a media jornada y tener algo parecido a una vida social..., y todo mientras intentas que tu nota media suba. Añádele complicaciones extra de la vida real, como tener que cuidar a un hermano pequeño, repartirte entre tus padres divorciados o ganar suficiente dinero en el trabajo para ayudar a tus padres... ¡Guau! Demasiado. Con ese tipo de presión, llegará un momento en el que algo se tuerza. Es fácil equivocarse leyendo el enunciado de un trabajo, quedar a la misma hora para estar en dos sitios, olvidarse de una práctica porque tu jefe no te ha dejado cambiar de turno o decepcionar a alguien, pero no es culpa de tus padres o de tus amigos. No te piden demasiado preguntándote si tendrías un hueco para ellos en tu frenético día a día. Se trata de reconocer tus propios límites, aceptar compromisos razonables, ser tan organizada como puedas y admitir cuando has metido la pata.

Tina tenía solo 16 años cuando montó Buzz, una consultoría de Chicago que se dedicaba a investigar tendencias entre adolescentes. En sus primeros pasos a principios de los noventa, Buzz reclutaba a jóvenes que marcaban tendencia y les daba a probar productos americanos de gigantes empresariales como American Eagle, Nike o Union Bay, para saber qué querían los consumidores adolescentes.

Hoy en día es una empresa valorada en millones de euros, llamada Buzz Marketing Group, que intenta descubrir tendencias entre gente de seis a treinta años en más de veinte países de todo el mundo. Suena genial como trabajo para una estudiante de instituto como Tina, ¿verdad? Bueno..., lo era, pero encontrar un equilibrio entre un negocio que vale un millón y medio de dólares mientras estás terminando el instituto y quieres ser la primera de la clase para poder elegir qué quieres estudiar enseñó a Tina mucho sobre la importancia de reconocer las propias limitaciones.

Durante la mayor parte de mi vida, no he creído que fuera importante admitir mis errores. Siempre decía que era culpa de otra persona. Pero cuanto más mayor me hacía, más errores empecé a cometer por la ajetreada vida que llevaba. Dirijo mi propio negocio desde los 16 años, así que estaba acostumbrada a hacer malabares entre el instituto, el deporte y otras extraescolares que tenía que hacer para Buzz, y como yo era la mejor de mi promoción, creía que lo hacía todo bien.

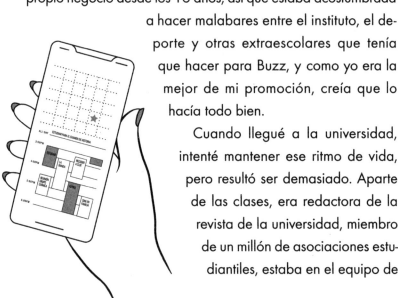

Cuando llegué a la universidad, intenté mantener ese ritmo de vida, pero resultó ser demasiado. Aparte de las clases, era redactora de la revista de la universidad, miembro de un millón de asociaciones estudiantiles, estaba en el equipo de atletismo e intentaba petarlo en Buzz. Incluso me puse a dirigir, de forma voluntaria, un programa para los estudiantes que al año siguiente empezarían la universidad —solo eso habría sido equivalente a un trabajo a tiempo completo—. Mis compromisos estaban por encima de mis posibilidades, y cada grupo del que formaba parte esperaba que fuera mi máxima prioridad. Me coincidían reuniones en el mismo día y hora, y comencé a darme cuenta de que no había forma humana de llegar a todo.

Pero empecé a estar resentida con la gente, en vez de ver la verdad: que me había sobrepasado. Pensaba que, si los demás pudieran ser un poco más flexibles y comprensivos, podría organizarme mejor y llegar a todo. Recuerdo estar en una reunión con otros responsables del programa de estudiantes (que, además, eran profesores míos) e ir dando excusas de por qué me había saltado alguna reunión y mis funciones. Un profesor me dijo algo que nunca olvidaré: «Tina, tienes que admitir cuando te has equivocado. Lo más fácil es decir que te has equivocado y pasar página. Punto. Si empiezas a buscar excusas, entonces es cuando la gente se enfada y el problema se estira como un chicle. Tienes que aprender a reconocer tus errores».

Desde ese momento, he cometido muchos más errores, pero siempre los he reconocido. Y además he aplicado esa actitud en mi empresa. Mis empleados saben que prefiero mil veces que admitan un error a que intenten defenderse. Me ha ayudado a ser más realista y más abierta, en vez de una *superwoman* que puede con todo. La gente valora mi honestidad, y debo reconocer que a mí también me encanta [mi honestidad].

El mundo no se cansa de convencernos de que tenemos que ser los mejores en todo. Sin embargo, todos tenemos límites, y está bien que sea así. Si empiezas a hacer promesas y no puedes cumplirlas, la gente que te rodea se sentirá molesta por el follón que has provocado. Pero nadie te echará la culpa por marcarte unos límites realistas. De hecho, es probable que te respeten más por conocerte tan bien a ti misma.

APRENDER A SOLTAR

El que mucho abarca poco aprieta: lo sabemos, pero eso tampoco significa que debamos relajarnos demasiado. Un amigo mío me dijo una vez hablando sobre el esquí: «Si no te caes, es que no lo estás probando». Es una realidad: cuanto más alto asciendes, más difícil se vuelve el terreno y más posibilidades tienes de tropezar o de caerte de morros. Pero eso no implica que tengas que evitar todo lo nuevo o todo lo que te asusta por si no se te da suficientemente bien.

Uno de los motivos por los que es tan importante aprender a reconocer los errores y a pedir perdón sintiéndolo de verdad es que te libera de una agonía interminable sobre aquello que has hecho mal. Y eso es algo vital, sobre todo si tienes tendencia a la ansiedad y a comerte la cabeza; es decir, a repetir obsesivamente los mismos pensamientos negativos. Una forma de comerse la cabeza es revivir una y otra vez la misma situación, pensando en las diferentes formas en las que podrías haberla afrontado mejor, lo que podrías haber dicho, etcétera. Una manera de suavizar esa obsesión es disculparse con sinceridad y reconocer lo que está ocurriendo, de modo que evitas centrarte tanto en la negatividad. No es una solución instantánea para un problema de salud mental real, pero si haces todo lo que puedes en el momento y te tratas a ti misma con compasión, le darás menos espacio a la ansiedad para que se te gire en contra.

Imaginemos, por ejemplo, que eres la tramoyista de la obra de teatro del instituto y, justo antes del entreacto, tiras una pieza enorme del escenario. Por suerte, la cortina se cierra un segundo después, pero el resto del equipo sale en tromba para ayudarte y las risas del público te hacen sentir fatal. ¿Qué harías: torturarte en silencio, pasar la noche como puedas y luego no volver a trabajar nunca más en otra obra de teatro del instituto? Espero que no, sobre todo si te gusta hacer de técnica de escenografía. En lugar de eso, da las gracias a todos los que te han ayudado a volver a montar el escenario, pide perdón por tu torpeza y promete que estarás más atenta durante el resto de la función. Seguro que recibirás algunas críticas, pero si puedes mirar a los otros a los ojos, reconocer tu torpeza y reírte de lo ocurrido, no se te girará en contra. En realidad, lo más probable es que te admiren por admitir que eres humana. Les hará sentirse más cómodos con sus propias meteduras de pata.

Mantener el sentimiento negativo puede arrastrarte hacia una espiral de negatividad. Si te torturas por el ridículo que has hecho en escena: *a*) probablemente, te pondrás nerviosa y cometerás otro error, y *b*) recordarás a los demás tu error. No tienes que vivir con tus errores para siempre, repetirlos y castigarte una y otra vez. Eso no es sano, y si es el patrón natural que tienden a seguir tus pensamientos, plantéate hablar con un amigo, pariente o con tu tutora. Si, en cambio, reconoces tus errores, ante ti misma y ante los demás, te disculpas sinceramente para poder pasar página y piensas cómo puedes evitar equivocarte en el futuro, te sentirás libre para probar y errar otra vez sin que las consecuencias te sobrepasen. Y durante el proceso aprenderás a ser la persona que quieres ser.

AUTOEVALUACIÓN

- ¿Tus disculpas son sinceras? Piensa en la última vez que le pediste perdón a alguien. ¿Por qué te disculpaste? ¿Te creías lo que estabas diciendo? ¿Admitiste concretamente lo que habías hecho mal? ¿Aceptaste la culpa y evitaste autojustificarte con frases que empezaban por «si» o «pero»? Escribe tu experiencia. ¿Cómo reaccionó la otra persona ante tu disculpa? ¿La aceptó? Si no fue así, ¿crees que después de haber leído este capítulo podrías haber

comunicado mejor tus sentimientos de arrepentimiento?
¿Qué harías o dirías ahora de forma distinta?
¿La persona a la que le pediste perdón se tomó
en serio tus disculpas o te sigue echando en cara tus
errores?

- Empieza un diario de «malos rollos». Siempre que
hagas o digas algo que hace sentir mal a otra
persona, anota la fecha y los detalles. Para cada
entrada del diario, prueba a responder las siguientes
preguntas: ¿Qué has dicho o hecho? ¿Qué valores
has transgredido? ¿A quién has hecho daño? ¿Sabías
que tus actos o tus palabras serían tan hirientes?
¿Crees que te podría volver a pasar? Escribir tus
errores —por desagradable que parezca— te ayudará
a definir exactamente en qué te has equivocado
y te dará la oportunidad de evaluar con sinceridad
quién eres. ¿Te gusta la chica que se describe en esa
página? ¿Es así como quieres que los otros te vean?
A través de ese tipo de autoanálisis, podemos
transformar nuestros errores en oportunidades
de crecimiento. Serás capaz de identificar mejor
patrones negativos y acabar con ellos. Anotar
nuestras pifias también es una oportunidad para
eliminarlas de nuestro sistema y pasar página.

RESUMEN

Reconociendo nuestros errores y pidiendo perdón cuando la situación lo requiera no solo contribuiremos a fortalecer nuestras relaciones, sino que aprenderemos a evitar problemas en el futuro. Mortificarse por los errores que hemos cometido no sirve de nada. Recuerda: los errores y las meteduras de pata forman parte de la naturaleza humana. Así que, si la cagas, haz todo lo que puedas para arreglar la situación y seguir adelante. Si te cuesta pasar página o te das cuenta de que estás atrapada en un patrón de pensamiento negativo poco saludable, puedes plantearte pedir ayuda a algún especialista y aprender a practicar la autocompasión. Solo ese esfuerzo te hará mejor persona.

CAPÍTULO 8

Recapitulando: cómo ser una líder y sacar lo mejor de ti misma y de los demás

A nadie le gusta pensar que le están vendiendo algo o que le están mandando que haga algo. Todos preferimos, de largo, sentir que estamos cerrando nuestro propio acuerdo o actuando con nuestras propias ideas. Nos gusta que nos consulten sobre nuestros deseos, gustos o pensamientos.

Dale Carnegie

Concédete un segundo para preguntarte: ¿a quién admiras más? ¿A un artista famoso por su formidable voz y por su trabajo de voluntariado? ¿A tu mejor amiga, que irradia bondad en cualquier circunstancia? ¿A un político poderoso? ¿A una profesora, una doctora o una jefa? Sea quien sea, puedes estar segura de que si esa persona inspira tu admiración es un buen líder en algún sentido. Hay algo que hace que los líderes sobresalgan por encima del resto y que reluzca lo mejor de ellos frente a los demás. Si empiezas a poner en práctica los principios marcados en este libro y a integrarlos en tu vida, también comenzarás a mostrar las cualidades de los líderes. En este último capítulo, vamos a resumir todo lo que hemos visto y a mostrar cómo podemos usar nuestras nuevas habilidades para conseguir apoyos, dar lo mejor de nosotras mismas y ser las personas que deseamos ser. Respira hondo: puede parecer una gran empresa, pero si has llegado hasta aquí, estás decidida a conseguirlo y a que tu vida cambie para siempre.

TODOS NECESITAMOS AYUDA

Una parte de ser una líder de verdad es asumir más responsabilidades. Igual has decidido salir de tu zona de confort y presentarte al consejo de estudiantes (aunque creas que es una competición de popularidad). O quizá este trimestre te has propuesto sacar un diez en todas las asignaturas. Independientemente de en qué dirección quieras avanzar, necesitarás un sistema de apoyo que te ayude en el camino.

Cuando se trata de conseguir ese apoyo, una líder de verdad no exige que la ayuden; pide que la ayuden. Tal cual. Ni el presidente de Estados Unidos puede exigir al Congreso que obedezca sin más. Tiene que recurrir a la diplomacia. Y lo mismo te pasará a ti. Nadie quiere recibir órdenes todo el día. A todos nos gusta creer que controlamos nuestro tiempo, nuestras decisiones y nuestra vida. (Recuerda la tríada crítica-condena-queja del capítulo 1: con ella no conseguirás que la gente se sienta entusiasmada ante la idea de echarte una mano). Es bastante más probable que ayudes de buena gana a tu madre a pintar el comedor o que lleves a tu hermano adonde haya quedado con sus amigos si te piden que los ayudes que si te ordenan que cojas una brocha o el coche.

Bueno, funciona en ambos sentidos. Cuantas más responsabilidades asumas, más necesitarás la ayuda de los demás para conseguir tus objetivos. Y aunque tus peticiones parezcan mínimas, según cómo las plantees, conseguirás la ayuda que necesitas o no. Por desgracia, a veces todos abrimos la boca sin pensar y acabamos soltando frases como:

- ■ «Papá, tienes que plancharme esta camisa para que me la pueda poner esta noche. ¡El concierto de la coral empieza dentro de dos horas!».

- ■ «Nia, tienes que ayudarme a estudiar biología; si no, suspenderé seguro».

- ■ «Jason, tienes que ayudarme a encontrar las llaves del coche ahora mismo. Si no, ¡voy a llegar tarde!».

Aquí estamos, dependiendo de los demás para que nos ayuden, pero olvidándonos de los puntos básicos del capítulo 2: hacer que se sientan importantes y valorados. Pero existe una solución fácil a ese problema. Lo único que tienes que hacer es pedir ayuda, en vez de exigirla. Parece obvio, pero especialmente en momentos de crisis puede que la buena educación y la consideración brillen por su ausencia ante tanto estrés. Imagínate la respuesta que conseguirías solo con cambiar las frases del modo siguiente:

- «Papá, ¿tienes cinco minutos para plancharme la camisa para el concierto de la coral? Quiero acabar los deberes antes de ir y aún me quedan un montón de ejercicios de mates. Te lo agradecería mucho; serías mi salvación».

- «Nia, estoy rayada con el examen de biología de mañana. ¿Crees que podrías ayudarme a estudiar? Me va muy bien estudiar contigo. Te prometo que yo te echaré un cable con otro examen».

- «Jason, ¿podrías ayudarme a buscar las llaves del coche? Me parece que llegaré tarde a trabajar. Te juro que las he buscado por todas partes. Me harías un gran favor».

Tus necesidades no han cambiado, pero las posibilidades de satisfacerlas sí. A la gente le gusta que le pidan las cosas, aunque sepan que es algo que tienen que hacer. Nos da la sensación de que tenemos el control de la situación, aunque no sea así. Además, sirve para mostrar respeto por la gente de quien dependemos. Como hemos aprendido a lo largo del libro, sentirse importante es una gran motivación, y cuando le pides a alguien un favor, estás haciendo que se sienta importante, necesario y de confianza. ¿No te parece que es mucho más inspirador que sentirse simplemente obligado o forzado a hacer algo?

Otra forma de no caer en el error de exigir las cosas es seguir el consejo del capítulo 3: entusiasmarse. Es la táctica de Mark Twain: cuando su personaje, Tom Sawyer, quería ahorrarse pintar una valla, no se quejó delante de todos sus amigos, lo cual habría sido la forma más rápida de asegurarse de que nadie le echaría una mano. En lugar de eso, fingió que era un trabajo importante y valioso que él tenía el honor de llevar a cabo. Acto seguido, tenía a un montón de chicos peleándose por ayudarlo. Al conseguir que sus amigos se entusiasmaran con el trabajo, ni siquiera les tuvo que pedir ayuda, y mucho menos exigirla.

Holly, una estudiante de bachillerato de Pensilvania, puso en práctica esta técnica después de asistir al curso de Dale Carnegie «Generation Next» (La próxima generación), pensado para que los adolescentes se sientan más seguros de sí mismos y aprendan habilidades de liderazgo. Encargada de la revista del instituto, Holly necesitaba motivar a su equipo:

Volvía a estar sentada en el despacho de la revista intentando que mi equipo trabajara. Nadie quería hacer lo que tenía encomendado, y yo no conseguía motivarlos. Entonces recordé a Dale Carnegie y sus historias sobre el entusiasmo. Y decidí hacer una prueba con el equipo de la revista para ver si podía contagiarles mi entusiasmo. Me mostré muy animada y positiva con el trabajo que les estaba encargando, por muy o poco interesante que pareciera. Traté cada una de las tareas como si fuera la más importante del mundo. Y cuando empezaron [los miembros del equipo] a enseñarme el trabajo una vez terminado, noté un cambio sustancial en algunas de sus actitudes. Si una persona había terminado el artículo, me aseguré de elogiar el gran trabajo que había hecho y de agradecerle su ayuda. Eso provocó que la mayoría se entusiasmara con el siguiente encargo y estuviera encantada de aceptarlo. Fue un gran avance, y acabé con la sensación de que había logrado el entusiasmo y la cooperación de la mayor parte del equipo.

El trabajo había que hacerlo, sin duda, pero Holly demostró sus dotes de liderazgo usando el entusiasmo, en lugar de las críticas, las amenazas, la insistencia o el acoso para conseguir el apoyo de su equipo. Hizo que cada una de esas personas se sintiera importante y puso toda su confianza en que lograrían terminarlo.

NO MICRODIRIJAS

No sirve de nada pedir algo a alguien y conseguir que se entusiasme con una tarea si luego te pones a dar órdenes sin parar. Los mejores líderes saben cómo hacer que pedir ayuda suene como el cumplido y el voto de confianza que es. Recuerda: quieres que la gente se sienta importante, necesaria, admirada y digna de tu confianza. ¿Crees que el equipo de Holly se habría sentido tan entusiasmado si, después de distribuir las tareas, ella los hubiera estado controlando cada dos segundos? No mucho, la verdad. Pero al confiar en ellos hizo que se sintieran importantes y útiles, y no como si fueran meros peones.

Esa idea vale el doble si lo que pides son pequeños favores. Si le pides por favor a tu hermana si puede lavar alguna prenda tuya de ropa con la suya, ahórrate el: «Asegúrate de usar jabón líquido, agua fría y de no poner la secadora». ¿Quieres que una amiga tuya hable con la persona con la que sales para averiguar por qué se comporta de forma tan rara últimamente? Pues no le des un guion. Si le pides que haga mediadora, deberías confiar en que lo que le diga estará bien.

Es importante darle la libertad a la gente de responder a tus peticiones a su manera. Y quién sabe: quizá te sorprendan con su creatividad.

A mí me gusta controlarlo todo. Hace poco hice un trabajo de biología con una compañera de clase, y resultó que también le gustaba controlarlo todo. Me dijo todo lo que teníamos que hacer: lo tenía todo planificado. Me tocaba la moral que me diera todo ese trabajo, pero al mismo tiempo no podía sentirme molesta porque seguro que escucharía todas mis aportaciones. Me haría preguntas y yo haría sugerencias, pero, al final, se encargó de dejarme bien claro que sus ideas eran mejores que las mías e ignoró todo lo que le dije. Me cabreé muchísimo.

Kate, 15 años, Pensilvania

Bueno, es normal, eso haría enfadar a cualquiera. La gente quiere pensar que le estás pidiendo su ayuda y sus aportaciones porque respetas su inteligencia, creatividad, capacidades y opinión. Pero al no hacerlo, la compañera de Kate no solo tuvo una actitud insultante, sino que además se perdió las potenciales ideas brillantes de Kate, ideas que igual a ella no se le habrían ocurrido nunca. Quizá a Kate se le había ocurrido una forma supercreativa de mostrar los resultados o una técnica que podría haber reducido a la mitad el tiempo de experimentación. Su compañera nunca lo descubrirá, porque no tuvo la buena educación de escuchar de verdad a Kate. La microdirección pisotea la regla número uno de la escucha activa: recordar que todo el mundo tiene algo que ofrecer y una nueva visión sobre una situación. Es evidente que querrán hacer las cosas de otra forma que tú, pero así es como funcionan la creatividad y el progreso. La próxima vez que consigas la ayuda de alguien, muestra respeto por su talento dejándole dar su opinión. Lo más probable es que así salgáis ganando las dos.

RECONOCER EL MÉRITO DE OTRA PERSONA CUANDO SEA NECESARIO (E INCLUSO CUANDO NO LO SEA)

Perfecto, has usado tus mejores dotes para lograr que la gente te apoye y, al final, has conseguido la ayuda que buscabas. Pero te queda un paso importante: darle amablemente a esa persona el reconocimiento que se merece y dejar que ella (y los demás) sepa lo mucho que valoras lo que ha hecho por ti. ¿Tu madre te ha dicho lo guapa que estabas cuando salías para ir al concierto de la coral? Dile que es gracias a que tu padre te ha planchado la camisa para que pudieras acabar los deberes. Si tu profesora te felicita por la nota que has sacado en el examen de biología, no debería costarte tanto mencionar que Nia te ha ayudado a estudiar y que no lo habrías logrado sin ella. ¿Has llegado a trabajar justo a tiempo? Cuando tu jefe te comente que parece que te falta el aliento, ¿qué te cuesta decir «Sí, casi no llego a la hora, pero mi hermano me ha ayudado a encontrar las llaves del coche para que no llegara tarde»? Nada. Da igual que la persona cuya ayuda reconoces esté cerca o no para oír tus elogios. (Ya le has dado las gracias, ¿no?) Al hacer saber a los demás que otra persona ha tenido un papel en tus logros, todos salís ganando. Los comentarios positivos tienen que llegar a la gente, igual que les llegan los negativos. Si tu padre, amiga o hermano oyen por boca de otra persona que has valorado sus esfuerzos, el cumplido significa mucho más que si te lo oyeran decir directamente a ti. Y aunque no se enteren, estarás mejorando la opinión que tienen terceras personas sobre ellos con tus palabras, —y también la opinión que tienen sobre ti por tener la humildad de reconocer la ayuda de los demás cuando toca.

Frances Hesselbein, expresidenta de la asociación Girl Scouts of America, sabe bastante bien en qué consiste ser una líder. Pero, cuando se sentó con nuestro equipo de redactoras para hablar de algunos de los cambios que ella había llevado a cabo para transformar esa asociación en una del siglo XXI, no quiso hablar de sí misma. Se centró, en cambio, en los logros de los demás: «Una persona sola nunca transforma algo. Siempre es la gente que forma la asociación, con su trabajo en común, la que transforma o aplica cambios importantes en una organización». Bajo su liderazgo, la asociación Girl Scouts of America triplicó los miembros que pertenecían a minorías. «La gente intenta reconocerme ese logro, pero uno no puede decir, sentado en su despacho de Nueva York: "Venga, vamos a ser más diversos". Es algo que ocurre porque tienes setecientos mil voluntarios por todo el país que se movilizan por nuestra misión, que se sienten inspirados por un objetivo concreto y lo persiguen». Como es obvio, esos «setecientos mil voluntarios» tienen que estar dirigidos por un líder eficaz, por alguien que sepa pedir cosas y motivar a la gente para que las haga. Pero al reconocer el trabajo de sus empleados y voluntarios, Frances Hesselbein evidenció por qué es precisamente el tipo de líder que es: sabe que haciendo sentir importantes a sus colaboradores por sus acciones supera, de largo, los beneficios de disfrutar sola de los elogios. En cambio, atribuirte los méritos de los demás es algo que siempre se te girará en contra.

Si se te da bien lo de reconocer la ayuda de los demás, es posible que también seas capaz de convencerlos de que eso que tú querías había sido idea suya. ¿Te gustaría montar una comisión en el instituto para apoyar a Amnistía Internacional, pero tus amigas creen que el voluntariado no sirve de nada? ¿Por qué no les cuentas historias del tipo de ayuda que brindan desde Amnistía Internacional? Después de oír cómo rescataron a un niño en el sudeste asiático, quizá lleguen a la conclusión «por sí solos» de que tienen que formar parte de esa comisión desde ya. ¿Qué importa quién se lleva el reconocimiento si tu principal objetivo para montar una comisión voluntaria para realizar buenas acciones se ha logrado? Nada, ni lo más mínimo, sobre todo si de golpe tienes a un montón de trabajadores enérgicos y entusiastas a tu lado.

Sin duda, esta táctica también funciona con empresas menores. Imaginemos que encuentras el vestido perfecto para la fiesta de graduación, pero vale bastante más de lo que tu madre estaba dispuesta a gastarse. Podrías intentar hacerla sentir culpable con lágrimas, pero ¿crees que llegarías muy lejos así? ¿Y crees que es el tipo de reacción madura que deberías tener? Plantéate un plan B: ve con tu madre a la tienda, pruébate el vestido delante de ella para que vea cómo te queda y dile: «Me encanta, pero sé que cuesta mucho más de lo que dijiste que te podías gastar. Si pudiera encontrar otro como este... Si hubiera empezado ya a trabajar, podría pagar la diferencia, pero no comienzo hasta dentro de dos semanas...». A menos que ya tengas alguna deuda con ella, es probable que tu madre esté dispuesta a hacerte un préstamo. Y lo mejor de todo: en vez de pelearte con ella sobre el dinero que estaba dispuesta a gastarse, le das la oportunidad de convertirse en tu heroína. Salís ganando las dos.

Si tienes presente tu objetivo, quien se acabe llevando el reconocimiento significa mucho menos que conseguirlo. Preguntando y haciendo sugerencias, guiarás a la otra persona hacia una cierta conclusión, en lugar de arrastrarla a una espiral de patadas y gritos. Es más probable que una persona se deje convencer por tu forma de pensar si lo hace por voluntad propia.

Para bien o para mal, todo el mundo tiende a creerse lo que los demás dicen de nosotros, es decir, consideramos que somos tan buenos o tan malos como afirma la gente. Piénsalo un segundo. Si crees (o sospechas) que tus padres consideran que tú eres la hija «artista» de la familia mientras que tu hermana es la «lista», y sabes que no se sorprenderán mucho si llevas a casa unas notas mediocres, ¿crees que harás un esfuerzo extra para sacar un diez en el próximo trimestre? Igual sí; al fin y al cabo, existe una cierta satisfacción al demostrar a los demás que se equivocaban. Pero también es bastante posible que sus pocas expectativas te hagan plantearte que no vale la pena ni tanta dedicación ni tanto trabajo.

En cambio, ¿cómo te sientes cuando la persona con la que estás saliendo te dice que eres la chica más divertida del planeta Tierra,

si tu mejor amiga te pone por las nubes cada vez que la ayudas o si oyes que tu madre le dice a tu padre que sabe que tú siempre les dices la verdad? ¿Escuchar todo esto no te inspira para ser la persona más alegre y más divertida el próximo día que quedes con tu pareja, para dejarte la piel ayudando a tu amiga o para contarle a tu madre solo la verdad y nada más que la verdad?

Si eres como el 99 % de la gente del planeta, la respuesta será que sí. La gente valora, en cierto modo, lo mucho o lo poco que ha cumplido lo que se esperaba de ella. Si pones el listón muy alto, te esforzarás por superarlo; si lo pones muy bajo, te hundirás. Esperar lo mejor de la gente funciona del mismo modo que los elogios (¿recuerdas el capítulo 2?): la inspira para dar lo mejor de sí misma.

¿Tienes la sensación de que una amiga tuya te ha criticado a tus espaldas? Podrías plantarle cara directamente, pero, suponiendo que el rumor sea verdad, lo más probable es que lo niegue, y sin ninguna prueba nunca sabrás si es verdad o no. Y si estás equivocada, imagínate el daño que le harás y lo resentida que quedará vuestra amistad. ¿Por qué no le haces saber que valoras mucho su amistad y le dices algo como «Para mí es muy importante contar con alguien con quien poder hablar sin tener que preocuparme de si se lo contará a otra persona. Yo no soporto los cotilleos, y para mí es muy importante poder confiar en ti»? Si es una amiga de verdad, respetará tu privacidad más que nunca, por mucho que en un primer momento no lo hiciera.

EL PODER DE LA FE EN LOS DEMÁS

Esperar lo mejor es una gran forma de conseguir que otra persona haga todo lo que esté en sus manos por ti, pero no solo se trata de eso, de ti. A veces, la verdadera recompensa es ver que las personas que te importan logran algo que es importante para ellas. Dile a alguien que crees que es lo bastante lista, lo bastante fuerte, lo bastante rápida como para conseguir lo que se está proponiendo, y ya tendrá la mitad del trabajo hecho.

El pasado enero, durante la época de exámenes, mi novio me mandaba cada día un correo cariñoso diciéndome que sabía que lo aprobaría todo porque soy muy pro. Fue un gran chute de confianza. Hasta en algo tan insignificante como un examen —algo que tengo que hacer sí o sí— es muy motivador que alguien te apoye y que te haga saber que cree que lo conseguirás.

Cathy, 18 años, Rhode Island

Seguridad es todo lo que necesitas para superar un obstáculo. Puede parecer trivial, pero creer en ti misma es el ingrediente fundamental para lograr tus objetivos. Una persona puede ser la más lista y la más dotada del mundo, pero nunca logrará lo que se proponga si no tiene la seguridad para usar esas habilidades. Si les haces saber a los demás que esperas el máximo de ellos, puedes ayudarlos a conseguir sus objetivos. Pero no te quedes en generalidades. Especifica por qué tienes confianza en ellos.

DECIR LAS COSAS POR SU NOMBRE: identifica los rasgos concretos que crees que demuestran la fortaleza de una persona. ¿La persona con la que sales está estresada con las entrevistas de acceso a la universidad? Recuérdale que a ti lo que más te gusta de ella es su sentido del humor y su

inteligencia, sobre todo cuando habláis de actualidad. Es muy probable que la universidad también se quede impresionada con su sofisticada visión del mundo.

DAR EJEMPLOS: recuerda a esa persona logros que ya haya logrado. «Te he visto ir con el *skate*, así que sé que dominas mucho la coordinación. En el *snowboard* usas más o menos los mismos movimientos. Lo pillarás enseguida».

PROMETER APOYO: haz saber a los demás que estarás a su lado, animándolos hasta que consigan su objetivo.

Así, puedes ofrecerles un regalo increíble: haciéndoles saber que tienes fe en sus habilidades, puedes fortalecer su autoconfianza. En eso consiste el liderazgo: en saber sacar lo mejor de las personas que te rodean.

CUANDO TODO LO DEMÁS NO FUNCIONE, LANZA UN RETO

Hay pocas personas que puedan resistirse a un buen desafío. Si dejas caer un reto, la mayoría de la gente no podrá resistirse a afrontarlo. Eso puede ser bueno o malo. Usados con inteligencia, los retos pueden ser una herramienta muy eficaz para un líder. Puedes provocar que el entusiasmo de la otra persona ante un reto juegue a su favor (y probablemente al tuyo) desafiándola a cumplir o superar sus máximas expectativas.

¿Eres la capitana del equipo de básquet y buscas una forma de motivar a tus compañeras? ¿Por qué no sugieres que quien consiga encestar más tiros libres durante el entreno podrá descansar mientras el resto recogéis las pelotas o no tendrá que pagar la pizza cuando vayáis a cenar después del próximo partido? Te sorprenderá cómo fomentar cierta competitividad hace que la gente se ponga las pilas. Puedes aplicar la misma estrategia para motivar a tu mejor amigo para que trabaje más en las clases de química, asignatura que tiene cruzada. Si no quieres ver cómo repite, proponle un reto: que saque un ocho y, si lo saca, le prometes que podrá elegir las pelis de los viernes por la noche durante un mes.

¿Tu mejor amiga, que es guapísima, es demasiado tímida como para hablar con la persona que le gusta? Bueno, si hacerle saber que crees que es divertida, lista y guapa —sin duda, cualquiera se sentiría honrado de ganarse su atención— no basta para motivarla, ¿por qué no le propones que sea ella la que se acerque al chico que le gusta? Recomiéndale los consejos del capítulo 4: establecer contacto visual, sonreír y saludar. Estará un poco más cerca de poder hablar con él, y seguramente le subirá el ego al haberse atrevido con algo que se sale de su zona de confort. O podrías convertirlo en una competición: si sonríe a la persona que le gusta, tú harás algo que te cueste, como presentar un relato a la revista del instituto, que es algo que siempre dices que algún día harás. Como Dale Carnegie señalaba, a la gente le gusta mucho jugar: es su oportunidad para demostrar lo que vale, para brillar y ganar. Así que no lo pienses más y plantea un reto: desafía a los demás para que den lo mejor de sí mismos.

Y eso también es aplicable a ti. ¿Recuerdas cuando en el capítulo 1 Atoosa Rubenstein, exdirectora de la revista *Seventeen*, nos dio una lección sobre cómo usar la energía negativa de los que nos rodean para sacar lo mejor de nosotros mismos? Y lo mismo es aplicable a los que quieren hacerte creer que no puedes lograr algo. Tómatelo como un reto. Cuando Rubenstein tuvo la oportunidad de lanzar la revista *CosmoGirl*, mucha gente pensó que fracasaría. Ella recuerda: «Después de un año en el mercado y un año de éxito, me hicieron una entrevista en *The New York Post*. El periodista me preguntó cómo me sentía, teniendo en cuenta que nadie había creído en mí. Y yo reaccioné con "¿Qué quiere decir? No tenía ni idea". Pero lo cierto es que oír cosas así me motivaba aún más. De repente, nosotros estábamos ahí, nuestros competidores perdiendo ventas y *CosmoGirl* subiendo como la espuma». Al plantearse las dudas de los demás como un reto, en vez de dejarse arrastrar por ellas, Atoosa convirtió *CosmoGirl* en una de las revistas en papel más vendidas y más queridas entre los jóvenes norteamericanos durante años.

SER UNA COMPAÑERA POSITIVA

A estas alturas de tu vida, seguro que has oído mil veces lo malo que es dejarse llevar por la presión de tus amigos, así que nos ahorraremos el discurso de «Si fulanita se tirara por una ventana, ¿te tirarías tú también?». Pero vale la pena centrarse en el lado positivo de la presión del grupo de amistades. La próxima vez que una amiga se ponga a discutir contigo una decisión difícil, demuestra tus dotes de liderazgo y, en lugar de darle simplemente tu opinión, muéstrasela. Traducción: si quieres que tus amigas sean leales, sé una amiga leal. Si quieres que la persona con la que sales te diga siempre la verdad, sé franca y sincera con ella. Si quieres que tus compañeros del equipo lo den todo en el campo, no te pierdas ni un entreno. Si quieres que tus hermanas menores tomen decisiones inteligentes por su cuenta, hazles de modelo tomando buenas decisiones tú. Si tus amigos te piden consejo, en vez de soltarles un sermón, ayúdalos a hacer el mismo ejercicio que pusiste en práctica en el capítulo 2: que entiendan cuáles son los valores centrales que son importantes para ellos. Entenderán tu mensaje y arraigará. Evidentemente, algunos amigos seguirán eligiendo opciones que no deberían. Pero, aun así, recuérdales la seguridad y el respeto por uno mismo que comporta el hecho de mantenerse fiel a los propios principios. Eso vale más que un millón de «Te lo dije».

Otro beneficio: resaltarás también lo mejor de ti. Si te conviertes en un ejemplo para tus amigas, hermanas y pareja, recogerás el guante, sea quien sea quien te lo lance. En vez de pasarte la vida obsesionándote por cosas superficiales, como tu aspecto, tendrás una motivación extra para hacer lo que te vaya mejor. Es fácil dejarse llevar por el grupo, y además más seguro. Pasas bastante desapercibida si haces lo mismo que los demás. Pero, como dice el refrán, «Quien no se arriesga no gana nada». Puedes pasarte toda la vida sin arriesgarte o puedes asumir algunos riesgos que te hagan sobresalir del grupo. Pregúntate quién quieres ser. ¿De qué valores quieres ser un ejemplo? Decídelo, y luego no esperes menos de ti.

ACEPTA LO QUE PUEDAS DAR

Si has intentado dar lo mejor de ti y realmente lo has hecho, nunca te reprendas si no consigues tus ambiciones más nobles. Si te marcas un listón muy alto, igual necesitas varios intentos para superarlo; no pasa nada. Lo que no está bien es rendirse ante el primer signo de fracaso o creerte que eres una perdedora. En el capítulo 7 has aprendido que los errores pueden ser oportunidades de aprendizaje y pueden servirte para crecer como persona. Lo mismo sucede con el fracaso. Si haces todo lo que puedas, puedes sentirte orgullosa. Se necesita valentía y carácter para mantenernos fieles a nuestros principios y dar el máximo.

Cuando el equipo de fútbol femenino de Estados Unidos perdió en la prórroga de los Juegos Olímpicos del año 2000, se quedaron hechas polvo, como es lógico. Capitaneadas por Mia Hamm, una de las jugadoras con más talento de la historia, esperaban llevarse a casa la medalla de oro, como habían hecho en los Juegos Olímpicos de 1996. Al quedar segundas, algunas jugadoras se sintieron decepcionadas consigo mismas y sintieron que habían decepcionado a sus seguidores y a todo el país. Pero Mia se negó a convertir aquel éxito en una derrota:

> Subidas al podio, mientras nos enfrentábamos al mundo sintiéndonos derrotadas, muchas de mis compañeras apenas podían levantar la vista del suelo. La tristeza de haber perdido entelaba la realidad: habíamos jugado un magnífico torneo y una gran final. Deberíamos de estar orgullosas de nuestra medalla de plata. Bajé del podio y me acerqué por detrás a cada jugadora para recordarle: «Mantén la cabeza bien alta, puedes estar muy orgullosa de lo que hemos logrado». Cuando volví a subir al podio, miré a mis compañeras y vi que miraban al mundo con una sonrisa colectiva. Es cierto que no habíamos cumplido nuestras expectativas de ganar la medalla de oro, pero ese día nos dimos cuenta de que esforzarse al máximo no siempre significa llegar a lo más alto. Significa hacer todo lo posible por lograrlo, algo que hicimos en ese torneo, no tengo la menor duda.

El equipo ganó la medalla de oro en los siguientes tres Juegos Olímpicos, algo que nunca habrían logrado si hubieran permitido que una medalla de plata les hiciera perder la seguridad en sí mismas. Es importante esperar lo máximo de nosotros mismos y de los demás. Pero también es fundamental reconocer y valorar nuestros logros, aunque a veces no encajen con nuestras expectativas. Recuerda: no tienes que «esperar la perfección», porque, en ese caso, siempre te sentirás defraudada. Como buena líder, lo único que necesitas es esperar el máximo. Es lo único que le puedes pedir a los demás, incluyéndote a ti misma. Haz todo lo que puedas y luego siéntete orgullosa de saber que lo has hecho. Los que te rodean verán la ganadora que llevas dentro.

RESUMEN

A estas alturas, habrás aprendido cuatro cosas sobre la naturaleza humana. De hecho, habrás aprendido ocho.

1. No conseguirás nada condenando, criticando o quejándote o reaccionando negativamente cuando descubras esas tres actitudes en los demás.

2. Elogiando a las personas que te rodean, puedes inspirarlas para que saquen todo su potencial. Y si vives de forma auténtica y te mantienes fiel a tus valores, te convertirás en la persona que anhelas ser.

3. La única forma de conseguir que alguien se implique en algo es hacerle saber que quieres que lo haga.

4. Una sonrisa y un interés real en alguien nuevo es todo lo que necesitas para hacer un amigo.

5. La única forma, y la más importante, de ser buena amiga, pareja o hija es escuchar de verdad lo que la gente que te rodea tenga que contarte.

6. No puedes ganar una discusión, pero puedes usar los puntos en común y las preguntas para entender mejor una situación, acabar con una pelea y abrir el camino del acuerdo y del compromiso.

7. La gente no nace siendo lista, poderosa o muy *cool*; esos rasgos se aprenden a través de prueba y error. Si te equivocas, admítelo, haz lo que sea para arreglarlo y pasa página. Serás mejor persona.

8. Sé líder. Ten confianza en que tú y los demás haréis todo lo que esté en vuestras manos, y seguro que no te decepcionas.

Estas son las únicas habilidades que necesitas para ganar amigos e influir sobre las personas. Y serán tan importantes para tu futuro como un logro académico o extracurricular, incluso más. Podrías tener el coeficiente intelectual de un gran científico o una voz que le hace sombra a una estrella del pop, pero si no sabes llevarte bien con la gente, no llegarás demasiado lejos, ni profesional ni personalmente. Aunque a veces te falten las credenciales adecuadas, aunque no puedas ganar a los demás, serás imparable.

Los principios de Dale Carnegie han cambiado la vida de millones de personas que han leído sus libros y que han intentado vivir siguiendo lo que han aprendido. Tengo la esperanza de que esta nueva edición, escrita especialmente para las chicas más jóvenes, te haya dado suficiente perspectiva como para fortalecer tus relaciones, alcanzar tus objetivos y destacar como líder de cualquier grupo, ahora y para el resto de tu vida.

Venga, adelante, ya puedes salir a cambiar el mundo. ¡Lo conseguirás!

SOBRE DONNA DALE CARNEGIE

Donna Dale Carnegie es la hija de Dale Carnegie, principal accionista y presidente de la junta directiva de Dale Carnegie & Associates. Como su padre, tiene un interés especial en compartir su trabajo con un público más extenso, que es lo que habría hecho su padre si siguiera vivo.

Donna vive en Portland, Oregón, y también es una artista profesional especializada en la pintura de paisajes y en caballos, que son la gran pasión de su vida.

SOBRE LOS SEMINARIOS DE FORMACIÓN DE DALE CARNEGIE (DALE CARNEGIE TRAINING®)

Creados en 1912, los seminarios de formación Dale Carnegie Training® han evolucionado desde entonces. Dale Carnegie, un hombre que creía en el poder y la automejora, empezó a impartir seminarios y al final creó una empresa de formación basada en el rendimiento, que cuenta con oficinas repartidas por todo el mundo. Dale Carnegie Training se centra en dar a la gente que trabaja en el mundo empresarial la oportunidad de pulir sus habilidades y mejorar su rendimiento para lograr resultados positivos, regulares y rentables.

La empresa, cuya sede central está en Long Island, Nueva York, está representada en los cincuenta estados de Estados Unidos y en más de ochenta países. Dale Carnegie Training se ha dedicado a servir a la comunidad empresarial de todo el mundo.

Dale Carnegie Training creó el concepto de formación empresarial. Desde la formación de líderes hasta la comercialización de relaciones, pasando por habilidades para hablar en público o ideas para construir equipos, Dale Carnegie Training diseña y vende seminarios que ofrecen un enfoque práctico al éxito empresarial en un entorno competitivo.

Creemos que todas las empresas son un conjunto de personas que trabajan juntas para lograr un objetivo común. Por lo tanto, el éxito de cualquier empresa depende del éxito de las personas individuales que la integran.

Dale Carnegie Training pone el énfasis en los principios prácticos y los procesos diseñando programas que ofrecen a la gente el conocimiento, las habilidades y las prácticas necesarias para aportar valor a su empresa. Al conectar soluciones probadas con retos del mundo real, Dale Carnegie Training se considera internacionalmente como la empresa líder para hacer brillar a la gente.

Los conocimientos originales de Dale Carnegie se han ido actualizando, ampliando y puliendo sin cesar a través de las experiencias de empresas reales a lo largo de un siglo. Con casi doscientas oficinas en todo el mundo, ofrecemos formación y servicios de asesoría a compañías de todos los tamaños, de todos los sectores, para mejorar el conocimiento y el rendimiento. El resultado de esta experiencia global, colectiva, se traduce en una reserva de visión empresarial en la que nuestros clientes confían para orientar sus resultados empresariales.

Al trabajar directamente con compañías y particulares, Dale Carnegie Training ofrece programas a medida según las necesidades y estrategias concretas de los clientes. Se centra en los retos a los que se enfrentan las personas y las empresas al implementar sus objetivos empresariales actuales y su visión a largo plazo.

Lo que diferencia Dale Carnegie Training es su camino hacia el cambio de rendimiento, que guía a los participantes desde su contacto inicial a través de un seguimiento y un apoyo que reforzarán sus comportamientos básicos. Los principios que se aprenden evolucionan hacia unas habilidades adquiridas de por vida que producen un cambio de conducta a largo plazo.

Empresas líderes en varios sectores —telecomunicaciones, banca, manufactura, venta al por menor, asesoría y servicios médicos— son testimonio de los beneficios, en lo que a rendimiento se refiere, que ha generado en ellas el programa Dale Carnegie Training. Las compañías pueden elegir entre el amplio material que se ofrece en los seminarios o recibir una formación personalizada destinada a unos objetivos empresariales muy concretos. Explican que Dale Carnegie Training ofrece una ventaja competitiva en el mercado global al crear las habilidades necesarias para construir relaciones tanto internas como externas, para transformar a los clientes en socios empresariales.

LOS SEMINARIOS DE FORMACIÓN DE DALE CARNEGIE (DALE CARNEGIE TRAINING®) PARA ADOLESCENTES

En la actualidad, el mundo es mucho más complicado, competitivo y exigente que antes. La gente joven a menudo hace malabares entre los estudios, el trabajo y las relaciones, mientras al mismo tiempo trabajan y planifican su futuro.

Nuestro programa está diseñado para preparar a los jóvenes de ambos sexos para el mundo real. Les ofrece las habilidades necesarias para lograr sus objetivos y sacar su máximo potencial en el instituto, en casa y en el trabajo.

En Dale Carnegie Training, las llamamos «habilidades que te servirán para toda la vida». El contenido del programa se centra en cinco áreas clave que son fundamentales para un éxito futuro:

- Construir autoconfianza.
- Mejorar las dotes comunicativas.
- Desarrollar habilidades interpersonales.
- Ganar habilidades de trabajo en equipo y liderazgo.
- Gestionar actitudes con eficacia.

Puedes entrar en www.dalecarnegie.com para localizar la oficina que tienes más cerca.

Este libro se terminó
de imprimir en octubre de 2021